Les pieds l' dans l'eau,
les orteils dans le sable

À la découverte de la mer, des dunes
et des plages des îles de la Madeleine

Une réalisation d'Attention FragÎles

Réalisation

Attention FragÎles

397-A, ch. Principal, Cap-aux-Meules (Québec), G4T 1E3
Tél. : 418-986-6644, Téléc. : 418-986-6083
attention.fragiles@tlb.sympatico.ca
Coordination : Danielle Giroux, Mélanie Poirier, Bruno Savary
Recherche : Vickie LeVasseur, Mélanie Poirier, Bruno Savary
Rédaction : Danielle Giroux, Mélanie Poirier, Bruno Savary, en collaboration avec Catherine Denault, Émilie Harvut, Carole Leblanc, Vickie LeVasseur

Nous adressons un immense merci à tous nos généreux et précieux collaborateurs qui ont partagé leur talent, leur temps et leur passion, à nos partenaires financiers qui nous ont accordé leur confiance, et à tous ceux et celles qui, à leur façon, contribuent à la pérennité du patrimoine naturel de ces magnifiques îles de la Madeleine.

Collaboration

Collaborateurs : Hélène Arseneau, Robert Boucher, Mario Cyr, Lucie d'Amours, Alphonse Forest, Sophie Fortier, Raymond Gauthier, Rose-Anna Leblanc, Maya-Olivia Lepage, Thérèse Marcoux, Pascal Poirier, Alain Richard ; Organismes ayant aussi collaboré : Aquarium des Îles, Centre de recherche sur les milieux insulaires et maritimes - affilié à l'Université du Québec à Rimouski, Club d'ornithologie des îles de la Madeleine, Comité ZIP des Îles-de-la-Madeleine, Municipalité des Îles-de-la-Madeleine, Musée de la Mer, Parcs Canada, Société de conservation des Îles-de-la-Madeleine

Réviseurs scientifiques : Lucie d'Amours (Cégep de la Gaspésie et des Îles), Line Couillard (MDDEP), Égide Leblanc (Mines Seleine), Yves Martinet (Comité ZIP des Îles-de-la-Madeleine), François Shaffer (SCF), Selma Pereira (MPO), Guglielmo Tita (CERMIM-UQAR), Helene Tivemark (Comité ZIP des Îles-de-la-Madeleine), Carole Turbide (MPO)

Réviseuse linguistique : Michèle Tirlemont

Graphisme : Fitzback graphiques

Photos : Attention FragÎles (A.F.), Rodolph Balej (R.B.), Conseil régional de l'environnement Gaspésie-Îles-de-la-Madeleine (CREGIM), Ted C. D'Eon (T.C.D.), Christophe Chiasson (C.C.), Gaston Chiasson (G.C.), Lucie d'Amours (L.D.), Liliane Décoste (L.D.), Danielle Giroux (D.G.), Petr Hanel (P.H.), Robert La Salle (R.L.), Carole Leblanc (C.L.), Musée de la mer (M. de la m.), Jean-François Noël (J.F.N.), Claude Nozères (C.N.), Michel Papageorges (M.P.), Pêches et Océans Canada Claude Nozères (MPO_C.N.), Pêches et Océans Canada Paul Dionne (MPO_P.D.), Jean-François Rail (J.F.R.), Alain Richard (A.R.), Joseph-René Scott – Collection du Musée de la mer (J.R.S), Vert et mer (V.M.)

Schémas milieux dunaire et marin : Alain Richard

Illustratrice : Marianne Papillon

Illustration plongeur : Élyse Turbide

Impression : Marquis Imprimeur inc.

Édition :

Les éditions la Morue verte
585, chemin Gros-Cap, L'Étang-du-Nord (Québec), G4T 3M1
418-986-5506, www.lamorueverte.ca,
info@lamorueverte.ca

Distribution :
Guides de voyage Ulysse I Téléphone : 1-800-748-9171
Site Web : www.guidesulysse.com I Courriel : info@ulysse.ca

Partenaires financiers

La réalisation de ce carnet s'inscrit dans le cadre d'une initiative plus large ayant pour objectif d'une part de permettre au personnel des entreprises récréotouristiques et à l'ensemble des Madelinots et des visiteurs de découvrir les richesses de l'environnement naturel des îles de la Madeleine, et d'autre part de leur permettre d'apprendre comment protéger ces richesses.

Ce carnet a vu le jour grâce à l'appui de nos partenaires financiers :

Partenaire principal

Fondation Hydro-Québec pour l'environnement

Ce projet de sensibilisation des Madelinots et des visiteurs au tourisme responsable aux Îles-de-la-Madeleine est rendu possible grâce à la participation financière du bailleur de fonds principal, la Fondation Hydro-Québec pour l'environnement.

Partenaires secondaires

Plan Saint-Laurent
Pour un développement durable

Fondation de la faune du Québec

MOUNTAIN EQUIPMENT CO-OP

Ce projet est réalisé, en partie, à l'aide d'une contribution du programme Interactions communautaires. Le financement de ce programme conjoint, lié au Plan Saint-Laurent pour un développement durable, est partagé entre Environnement Canada et le ministère du Développement durable, de l'Environnement et des Parcs du Québec. Il est aussi rendu possible grâce aux contributions du Programme d'intendance de l'habitat pour les espèces en péril du gouvernement du Canada, de la Fondation de la faune du Québec et de Mountain Equipment CO-OP.

Canadä

Tous droits réservés
ISBN 978-2-9809962-4-5

Catalogage avant publication de Bibliothèque et Archives nationales du Québec et Bibliothèque et Archives Canada

Giroux, Danielle, 1969-

Les pieds dans l'eau, les orteils dans le sable : à la découverte de la mer, des plages et des dunes des îles de la Madeleine

    « Une réalisation d'Attention FragÎles ».
    Comprend des réf. bibliogr. et un index.

    ISBN 978-9809962-4-5

1. Îles-de-la-Madeleine (Québec) - Descriptions et voyages.
2. Écologie des dunes - Québec (Province) - Îles-de-la-Madeleine.
3. Écologie marine - Québec (Province) - Îles-de-la-Madeleine. I. Poirier, Mélanie, 1983- .
II. Savary, Bruno, 1984- . III. Attention FragÎles (Association). IV. Titre.

FC2945.I45G57 2009   917.14'797045   C2009-941430-9

Attention FragÎles

Mission

- Issu d'un mouvement citoyen et créé en 1988, Attention FragÎles est un organisme de bienfaisance à but non lucratif.

- Par sa mission, il contribue à la responsabilisation environnementale de la population, des acteurs du développement et des visiteurs des Îles-de-la-Madeleine en réalisant, en soutenant ou en encourageant des comportements respectueux de l'environnement des Îles.

- L'action de l'organisme s'articule autour de trois axes, à savoir le développement, la consommation et l'environnement ; elle repose sur le partenariat et est fondée sur la valeur du respect de l'environnement.

Principales réalisations

- Protection, restauration et mise en valeur des milieux dunaires et forestiers : 10 stationnements, deux sentiers d'interprétation, quatre passerelles d'accès aux plages, travaux annuels de restauration des dunes bordières, etc.

- Mobilisation, accompagnement et formation de la population, des entreprises et des organisations ; corvées annuelles de nettoyage des plages ; réalisation de guides : carnet du propriétaire, guide de bonne intendance, guide de restauration des dunes, etc.

- Organisation d'activités éducatives en milieu scolaire : environ 800 élèves sont rencontrés chaque année ; réalisation d'une trousse et d'un cahier éducatifs.

- Éducation et sensibilisation de la population et des visiteurs relativement à l'environnement : kiosque d'information à bord du traversier, réalisation de deux documentaires, cd-rom, capsules radio, dépliants, revue, etc.

- Protection de l'habitat des espèces en péril ; études et inventaires fauniques et floristiques.

- Gestion de situations d'urgence de nature environnementale ; supervision de travaux réalisés dans des milieux fragiles.

- Actions concertées, avec les partenaires du milieu, sur les enjeux du développement aux Îles : circulation des véhicules motorisés hors-route, approvisionnement des Îles-de-la-Madeleine en énergie, aménagement du territoire, gestion des matières résiduelles, développement touristique, etc.

- Participation à la création de la Société de Conservation, du Comité ZIP des Îles-de-la-Madeleine et du Centre de recherche sur les milieux insulaires et maritimes.

Depuis sa fondation, Attention FragÎles a apporté au milieu plus de 3 millions de dollars sous la forme de plusieurs projets, et a permis la création de près de 200 emplois.

L'équipe

Aujourd'hui, ce sont 23 employé(e)s (dont 18 saisonniers), un conseil d'administration formé de six personnes, près de 100 membres (particuliers et entreprises) ainsi que de nombreux bénévoles, qui accomplissent la mission de l'organisme.

Pour nous joindre

Attention FragÎles | Mouvement pour la valorisation du patrimoine naturel madelinot
397-A, chemin Principal, Cap-aux-Meules (Québec), G4T 1E3
Tél. : 418-986-6644   Téléc. : 418-986-6083
attention.fragiles@tlb.sympatico.ca
www.attentionfragiles.org

Sommaire

Préface

Je découvre, tu explores, il sème...

Tout le monde aime la nature, et l'habite à sa façon. Elle offre sa nourriture, ses beautés, sa musique, sa lumière et de vastes espaces pour s'amuser.

Aux Îles-de-la-Madeleine, la nature est toujours très proche de nous. Richesse, force et amour décrivent les émotions qui nous habitent lorsque nous prenons le temps de regarder autour de nous. La fragilité est aussi manifestement palpable pour ceux qui observent ou se rappellent : les falaises et les dunes qui se transforment au gré des tempêtes, une eau potable précieuse et en quantité limitée, des espèces belles et parfois rares.

À ceux qui souhaitent découvrir des pistes pour profiter pleinement des milieux naturels, dans le respect qu'ils imposent, nous lançons trois invitations, car nous croyons que la protection et l'utilisation des milieux naturels sont, étonnamment, souvent conciliables et intimement liées...

⠿ Mieux connaître. «Les gens d'aujourd'hui savent à peine reconnaître dix plantes mais sont capables de se rappeler de mille logos corporatifs» (traduction libre, éditeur de JME, 2000). Cela fait réfléchir... En nous éveillant davantage à l'environnement, mille secrets nous seront révélés, nous permettant de mieux saisir l'importance et les façons d'en prendre soin.

⠿ Goûter. Pour découvrir, il faut parfois aller voir de près, explorer, creuser avec ses mains, sentir, écouter patiemment et, surtout, prendre le temps de le faire. Les vacances sont le moment idéal pour nous exercer à mieux percevoir la nature et, surtout, à goûter les plaisirs qu'elle offre.

⠿ Transmettre. Ce que vous découvrirez, vous serez peut-être tenté de le partager avec d'autres. Pourquoi ne pas raconter aux enfants les mystères du monde sous-marin ou les drôles de manières des oiseaux, pourquoi ne pas les aider à reconnaître quelques nouvelles plantes ? Ils sont si curieux et apprennent si vite !

Au fil des pages de ce carnet sur les milieux marin et dunaire des îles de la Madeleine, nous vous invitons à prendre le chemin de la découverte, de l'étonnement et du plaisir, dans l'espoir que cette invitation tienne toujours, dans mille ans encore.

Danielle Giroux
Présidente, Attention FragÎles

Introduction

Les pieds dans l'eau, les orteils dans le sable

Ce carnet est dédié aux milieux marin et dunaire des îles de la Madeleine et à ceux qui les apprécient.

Vous serez étonnés d'y découvrir la richesse des eaux du golfe du Saint-Laurent, des lagunes, des plages et des dunes qui en font la renommée. La géologie, la faune, la flore, les activités récréatives et commerciales ainsi que l'érosion et les changements climatiques sont les principaux thèmes abordés.

Ce carnet a été conçu pour ceux qui aiment jouer dehors et se remplir les poumons d'air frais, ainsi que pour ceux qui n'ont peur ni du vent, ni de l'eau, ni des grains de sable entre les orteils ! En le réalisant, nous avons aussi eu une pensée spéciale pour tous ceux qui, aux Îles, travaillent dans les domaines récréotouristique, environnemental (et autres…), qui ont à cœur de partager leur passion de la nature et qui ont soif d'en apprendre toujours plus.

Son format pratique vous permettra de le prendre avec vous, partout, et même de l'avoir sous l'oreiller au cas où le sommeil ne viendrait pas !

Nous l'avons voulu enrichissant et stimulant.

Maintenant que vous l'avez entre les mains, à vous d'en profiter !

La formation des îles, une histoire de sel !

Les îles de la Madeleine se situent au centre d'un vaste haut-fond marin nommé plateau madelinien, qui couvre le sud du golfe du Saint-Laurent. Toutes jeunes, elles ont émergé de l'eau, 1 à 2 millions d'années avant notre ère...

Avant leur naissance : la période du carbonifère

Il y a plus de 300 millions d'années, le plateau madelinien était situé au niveau de l'équateur, sous un soleil ardent. À cette époque, il prenait la forme d'une profonde vallée située sur le continent.

Périodiquement, les assauts de la mer inondaient cette vallée, la remplissant d'eau salée. Comme le climat équatorial est particulièrement chaud, l'eau introduite s'évaporait continuellement, provoquant l'accumulation du sel marin au fond du bassin. Pendant plusieurs millions d'années, des centaines de mètres de cristaux de sel s'y sont ainsi accumulés, puis assemblés et durcis comme de la roche.

La lente dérive des continents

Au cours des millions d'années qui suivirent, le lent mouvement des continents déplaça le plateau madelinien de l'équateur vers sa position actuelle. Pendant ce long voyage, le continent traversa successivement une période désertique et des phases de volcanisme et d'immersion sous l'eau au cours desquelles des laves solidifiées et des sédiments marins s'accumulèrent sur plusieurs kilomètres d'épaisseur au-dessus de la couche de sel.

Équilibre instable : les îles émergent !

En raison du poids considérable que générait l'accumulation de sédiments sur le sel, ce dernier s'enfonça tellement que la pression et la chaleur qui régnaient alors le ramollirent considérablement. Il n'en fallait pas plus pour que le sel effectue des remontées sous la forme d'immenses colonnes malléables, à la manière d'un bouchon de liège qui serait remonté à la surface de l'eau, morcelant et infiltrant les sédiments se trouvant au-dessus.

Aujourd'hui, en constante remontée, ce sont ces dômes salins qui maintiennent les îles de la Madeleine à la surface du golfe du Saint-Laurent.

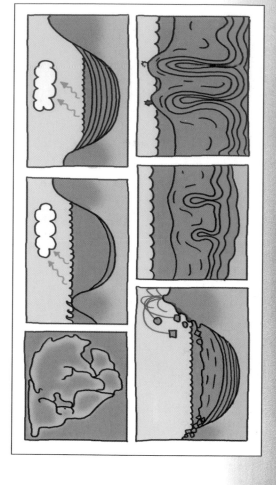

Le profil d'une île

L'archipel des îles de la Madeleine est constitué d'une quinzaine d'îles, dont sept sont reliées par d'étroits cordons de sable. Si chaque île a son cachet et ses particularités propres, elles ont néanmoins en commun certains des milieux naturels et composantes géomorphologiques et physiques identifiés sur le schéma ci-dessous.

Milieux naturels

Milieu marin : Ensemble formé par le golfe du Saint-Laurent qui entoure les îles et par les plans d'eau intérieurs (lagunes) communiquant avec ce dernier (voir p. 12).

Milieu forestier : Ensemble des forêts qui, aux îles, sont dominées par les conifères.

Milieu humide : Ensemble des secteurs gorgés d'eau de façon plus ou moins permanente, comme les marais salés, les marais saumâtres et les marais d'eau douce, les étangs, les tourbières, etc.

Milieu dunaire : Ensemble des dunes et des plages (voir p. 36).

Butte ou colline : De forme arrondie, certaines buttes des îles sont constituées de noyaux de roches volcaniques (voir p. 10).

Lagune : Plan d'eau peu profond et partiellement isolé de la mer (voir p. 17).

Composantes géomorphologiques et physiques

Dépôts de sel : Après s'être accumulé pendant 85 millions d'années, le sel forme aujourd'hui des dômes sur lesquels reposent les îles de la Madeleine (voir p. 8).

Dépôts continentaux : Accumulation de roches sédimentaires et de roches volcaniques.

Dépôts volcaniques : Accumulation de lave refroidie provenant de la période de volcanisme que les îles traversèrent, il y a plusieurs millions d'années.

Dépôts éolien : Accumulation de grains de sable transportés par le vent, provenant d'un ancien désert et compactés en une roche très friable : le grès rouge (voir p. 10).

Nappe phréatique : Masse d'eau douce souterraine flottant en équilibre hydrostatique sur une eau saumâtre.

Équilibre hydrostatique : État d'équilibre entre les masses souterraines d'eau douce et les masses souterraines d'eau saumâtre.

Eau saumâtre : Eau mi-douce, mi-salée.

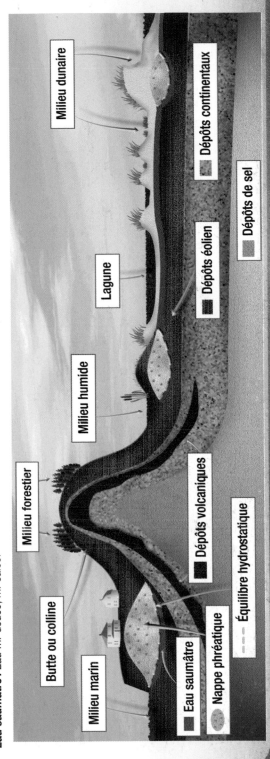

Milieu dunaire

Lagune

Milieu humide

Milieu forestier

Butte ou colline

Milieu marin

■ Eau saumâtre

● Nappe phréatique

--- Équilibre hydrostatique

■ Dépôts volcaniques

■ Dépôts éolien

■ Dépôts continentaux

■ Dépôts de sel

Des traces du passé...

Des buttes d'origine volcanique : Les **buttes Pelées** de l'île du Havre aux Maisons, la **butte du Vent** de l'île du Cap aux Meules, les **buttes des Demoiselles** de l'île du Havre Aubert ainsi que la **Big Hill** de l'île d'Entrée sont des vestiges de la période volcanique. Les plus hautes collines de l'archipel sont constituées de lave volcanique difficile à éroder, ce qui explique leur hauteur.

Des gisements de sel : Des sept dômes de sel situés sous l'archipel, ce sont ceux localisés sous la baie du Bassin et sous Grosse-Île qui sont le plus près de la surface. Depuis 1982, la mine de sel Mines Seleine extrait à Grosse-Île du sel destiné au déglaçage des routes du Québec, de l'est des États-Unis, de Terre-Neuve et de l'Ontario.

Les caps ou falaises de grès rouge : Véritable emblème des Îles-de-la-Madeleine et chef-d'œuvre de la nature, les caps sont un vestige du désert qui régna jadis sur le plateau madelinien. Ces falaises friables sont d'anciennes dunes de sable désertiques, dont les grains ont été cimentés par un oxyde de fer qui leur confère cette couleur rouge si particulière.

 Saviez-vous qu'autrefois, les Madelinots mélangeaient du grès rouge désagrégé avec de l'huile de phoque ou de lin pour fabriquer une teinture qu'ils appliquaient sur la toiture des édifices et des maisons ?

Milieu marin

Autour des Îles : le golfe du Saint-Laurent

Bordé par cinq provinces canadiennes, le golfe est un large bassin qui communique avec l'océan Atlantique, et dans lequel se jette le fleuve Saint-Laurent. Ses propriétés physiques le rendent unique en son genre.

Masses d'eau

Les masses d'eau de densités différentes (température et salinité distinctes) se mélangent peu. Ainsi, trois strates se superposent dans le golfe.

- En **surface** : Température entre 5 et 20°C, salinité de 30 grammes de sel par kilogramme d'eau de mer (g/kg).

- Au **centre** : Température entre -1 et 2°C, salinité autour de 31 g/kg. Cette strate intermédiaire résulte de la formation des glaces en hiver : composées uniquement d'eau douce, les glaces, en se formant, laissent sous elles de l'eau plus salée et très froide. Plus dense que l'eau de surface, cette masse d'eau s'enfoncera jusqu'à ce qu'elle atteigne la strate d'eau profonde plus salée, sur laquelle elle se déposera.

- En **profondeur** : Température entre 4 et 6°C, salinité de 35 g/kg.

Quelle est la différence ?

Fleuve : Grande rivière

Estuaire : Partie terminale d'un fleuve sensible à la marée et aux courants marins, souvent en forme d'embouchure évasée, où se rencontrent l'eau douce et l'eau salée

Golfe : Vaste bassin en cul-de-sac plus ou moins largement ouvert, formé par la mer dans son avancée à l'intérieur des terres

Courants dans le golfe

Courants marins

Dans le golfe, de nombreux courants sillonnent les côtes et les fonds ; ils plongent ou remontent en fonction du relief. L'eau ne s'écoule donc pas massivement vers l'océan. De manière générale, les courants de surface sont générés par le déplacement de l'eau douce provenant du fleuve et d'autres cours d'eau. Cette eau douce flotte sur l'eau salée et se dirige vers l'océan. Quant aux courants de fond, ils sont engendrés par l'eau de l'océan Atlantique qui pénètre en profondeur. Autour des Îles, on observe un courant rotatif de sens antihoraire influencé par le courant de Gaspé qui provient du fleuve Saint-Laurent.

Marées

Les oscillations du niveau marin sont provoquées par l'attraction de la lune et du soleil. La marée se propage à partir d'un point précis, et son amplitude augmente à mesure qu'on s'en éloigne. Dans le golfe, ce point étant situé à 50 km à l'ouest des îles de la Madeleine, l'amplitude moyenne des marées dans l'archipel est la plus faible de tout le Saint-Laurent, soit 0,60 m.

Saviez-vous qu'aux Îles, les lagunes subissent les marées avec 1 heure de décalage par rapport à la mer ?

Fonds marins

Tapissé de sable, de vase et de gravier, le plancher du golfe est formé de plateaux et de fosses profondes. Parmi ces dernières, la plus imposante est appelée chenal Laurentien. Il s'agit d'une vallée longue de 1 240 km et atteignant 550 m de profondeur. Les îles de la Madeleine sont situées au centre d'une large plate-forme délimitée au nord par ce chenal et couvrant la partie sud du golfe. La hauteur d'eau y dépasse rarement 80 m et les hauts-fonds près de l'archipel sont à moins de 50 m de profondeur, entrecoupés d'affleurements rocheux. Cela explique que, par le passé, de nombreux naufrages aient eu lieu près des côtes des Îles, où les bateaux, poussés par les vents, venaient s'échouer.

Les rouages de la vie sous l'eau

Lumière... gardienne de la vie

Les végétaux, aptes à utiliser l'énergie solaire pour produire leurs tissus et se multiplier, tirent profit d'une ressource énergétique plus qu'abondante : le soleil. Positionnés à la base de la chaîne alimentaire, ils sont nommés producteurs primaires.

L'abondance et la densité des végétaux en milieu marin procurent nourriture et abri à d'innombrables espèces, créant une vie marine riche et diversifiée. Par exemple, les lits d'algues laminaires ❶ qui font le régal de l'Oursin vert, attirent également le homard ❷, prédateur de ce dernier.

Nutriments... piliers de la vie

La productivité des végétaux dépend de la disponibilité des matières premières, notamment des minéraux et des gaz. Alors que le gaz carbonique et l'eau sont abondants, d'autres nutriments comme l'azote et le phosphore sont présents en quantités limitées. S'ils sont épuisés, la production végétale est interrompue. C'est alors que les organismes détritivores ❸ entrent en jeu pour remettre en circulation les nutriments. Véritables recycleurs, ils se nourrissent de débris d'animaux (excréments, cadavres, etc.) ou de végétaux, puis produisent à leur tour des matières assimilables par les végétaux.

Mouvements marins... vecteurs de vie

Les marées et les courants assurent la circulation des nutriments, plus abondants en profondeur. À la fonte des glaces au printemps, les courants marins s'intensifient : la production primaire atteint son apogée près de l'archipel. Les algues microscopiques ❹ en suspension (phytoplancton) nourrissent de petits crustacés herbivores (zooplancton) ❺, eux-mêmes consommés par des poissons de petite taille ❻. Puis les poissons prédateurs ❼, attirés par ces derniers, reviennent fréquenter les abords de l'archipel après un exil automnal forcé par le manque de nourriture et le refroidissement de l'eau.

Les courants printaniers favorisent également le transport et le maintien des œufs et des larves de certaines espèces en surface, près de la nourriture et loin des prédateurs. De nombreuses espèces, dont le Crabe des neiges, reviennent alors des profondeurs du chenal Laurentien pour pondre leurs œufs et assurer la croissance des jeunes.

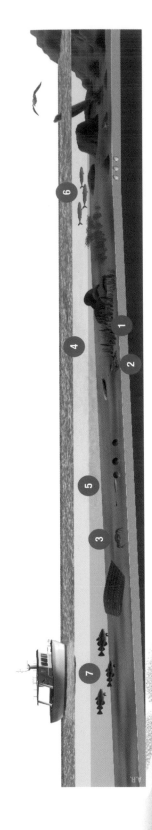

Les espèces du milieu marin

Univers tridimensionnel, le monde aquatique est peuplé d'espèces dont la diversité est étonnante. Voici, en quelques mots, comment la vie s'organise dans le milieu marin autour des îles.

Flore

Près des côtes : Surtout des macrophytes : grandes algues et plantes marines accrochées aux rochers ou enracinées au fond. Offrent nourriture et abri. Présence de phytoplancton.

- laminaires
- ascophylles
- laitues de mer
- fucus
- zostères
- dinoflagellés
- diatomées

Au large : Surtout du phytoplancton : algues microscopiques en suspension dans les premiers mètres sous la surface de l'eau, où la lumière pénètre. Base de la chaîne alimentaire marine. Volume important, colore parfois l'eau en vert. Sa photosynthèse génère près de 50 % de l'oxygène planétaire.

- diatomées
- dinoflagellés
- laminaires

Faune invertébrée

Près des côtes : Domaine des animaux filtreurs et brouteurs. Également des prédateurs et des détritivores. Abondance de mollusques.

- moules
- myes
- mactres
- littorines
- balanes
- oursins
- étoiles de mer
- anémones
- homards

Au large : Au fond, surtout des prédateurs et des détritivores car absence de végétaux. En surface, importance du phytoplancton dans l'alimentation.

- copépodes
- larves
- méduses
- natices
- buccins
- étoiles de mer
- concombres de mer
- crabes des neiges
- crevettes

Faune vertébrée

Près des côtes : Alimentation, nidification et repos des oiseaux marins. Repos des phoques. Petits poissons qui vivent près des côtes, ainsi que poissons plus gros présents de façon périodique (croissance, alimentation, frai).

- cormorans
- éperlans
- poulamons
- phoques
- maquereaux
- hérons
- harengs
- guillemots
- chaboisseaux
- goélands
- épinoches
- anguilles

Au large : Alimentation et repos d'oiseaux extracôtiers, mais qui se reproduisent sur la côte. Les *poissons proies* (petits) se nourrissent notamment de larves et d'invertébrés, alors que les *poissons prédateurs* (plus gros) se nourrissent de poissons juvéniles et de *poissons proies*. Présence de baleines.

- pétrels
- petits pingouins
- harengs
- maquereaux
- sébastes
- flétans
- morues
- plies
- requins
- rorquals
- cachalots
- dauphins

Le cimetière marin du golfe

Ce titre a été attribué aux îles de la Madeleine en raison des 533 navires qui s'y sont échoués, majoritairement lors de tempêtes. Généralement d'origine étrangère, les naufragés ont parfois fait le choix de s'établir parmi les Madelinots. On compte toujours dans la population madelinienne certaines familles d'origine irlandaise (Dickson, Patten, Goodwin) et russe (Taker). Aujourd'hui, quelques épaves demeurent encore visibles aux abords de l'archipel, sous l'eau et sur terre…

Corfu Island : Épave située sur la plage de l'Ouest, à l'Étang-du-Nord. De type *Liberty Ship*, une gamme de bateaux construite à plusieurs exemplaires par les États-Unis, durant la 2e guerre mondiale, ce navire servait au transport de passagers et de matériaux jusqu'en Europe et dans le Pacifique. Après une journée et une nuit complètes à la dérive dans une grosse tempête, il fit naufrage le 20 décembre 1963. En pleine nuit, les Madelinots organisèrent une opération de sauvetage, récupérant sains et saufs les 27 membres d'équipage qui ne pouvaient passer la nuit dans le navire par un tel froid. Un film fut réalisé en 2008 sur l'histoire de ce sauvetage. Après des années d'ensablement, depuis le début des années 2000, l'épave se dégage graduellement du sable.

Gabarre : Première section échouée au pied du cap à Savage, à l'Étang-du-Nord, et seconde section échouée sur la plage de la Dune du Nord, entre Pointe-aux-Loups et Fatima. Nommée *Duke of Connaught*, cette barge construite en 1912 a longtemps séjourné à Montréal. Lors d'un remorquage non réussi dans le golfe, en 1988, elle s'est retrouvée à la dérive et ses deux sections se sont séparées. Après l'échouage de la seconde section, le métal de la structure supérieure fut récupéré, mais le fond de la cale est demeuré en place. Sur la dune du Nord, une nouvelle flèche sablonneuse relie maintenant la plage à l'épave.

Première section

Seconde section

Échouement d'animaux marins

Chaque année, des animaux marins s'échouent sur les plages madeliniennes. Diverses espèces de baleines, des rorquals et des cachalots, ainsi que des dauphins et des phoques ont notamment été recensés. Dans de rares cas, il arrive également que la Tortue luth, espèce en voie de disparition, s'accroche dans les filets de pêche, et qu'elle s'y noie.

Les plans d'eau intérieurs

En plus de la mer qui l'entoure, l'archipel compte **cinq plans d'eaux intérieurs** principaux connus sous les noms de : bassin aux Huîtres, lagune de la Grande Entrée, lagune du Havre aux Maisons, baie du Havre aux Basques et baie du Bassin.

Qu'est-ce qu'un plan d'eau intérieur ?

Aux Îles, ce sont des masses d'eau, parfois adjacentes à des milieux humides, enserrées par d'étroites dunes de sable (appelées tombolos). Ces plans d'eau intérieurs communiquent avec le golfe par un ou plusieurs passages étroits, les *goulets*. Voici quelques-unes des particularités écologiques qui caractérisent les plans d'eau intérieurs :

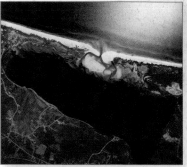

Baie du Bassin

- ils sont peu profonds (au plus, 10 m de profondeur) ;
- ils sont à l'abri des grands courants ;
- ils se réchauffent rapidement, atteignant environ 20°C en été ;
- leur salinité est comparable à celle du golfe, mais variable selon les échanges et le nombre de goulets par plan d'eau ;
- ils offrent un milieu de vie à de nombreuses espèces.

L'arboutarde, une plante bien particulière

La Zostère marine, appelée *arboutarde* ou *herbe à outarde* aux Îles, est une plante marine d'une grande importance pour l'écosystème lagunaire ou marin. Souvent considérée à tort comme une algue, elle pousse sous l'eau salée ou saumâtre, là où peu de plantes s'aventurent habituellement.

En eau peu profonde et à l'abri des courants, elle forme de vastes colonies aquatiques, les zosteraies ou herbiers à zostère. Ses racines et ses tiges souterraines l'ancrent dans le sol et stabilisent le fond marin, à l'instar de l'ammophile dans les milieux dunaires.

Sensible à la luminosité, la zostère est menacée par les activités qui brouillent son environnement de façon régulière. Les utilisateurs de bateaux à moteur et les pêcheurs qui mettent leurs cages à homard à tremper au bord des rives doivent être vigilants car elle est facilement déracinable.

Or, son rôle dans la chaîne alimentaire du plan d'eau est crucial. Elle fait à la fois office de :

- **pouponnière :** les zosteraies abritent les œufs, les larves et les juvéniles d'un grand nombre d'espèces, dont le hareng et le homard ;

- **cachette :** les herbiers fournissent aux animaux marins des cachettes qui leur permettent de fuir les prédateurs ou de surprendre les proies ;

- **garde-manger :** les feuilles de la zostère retiennent une abondance d'éléments nutritifs dans l'herbier, ce qui permet aux micro-organismes à la base de la chaîne alimentaire de s'y reproduire rapidement. À leur tour, ces derniers alimentent une diversité de vers, mollusques et petits poissons, dont raffoleront les canards barboteurs et les sternes nichant et élevant leurs oisillons tout près. Oies, canards, hérons et oiseaux de rivage y font également escale durant leur migration.

Les pieds dans l'eau!

Activités récréatives en milieu marin

Les îles de la Madeleine offrent un terrain de jeu unique pour ceux et celles qui veulent s'amuser en plein air. Une foule d'activités récréatives peuvent être pratiquées, selon les goûts et les aptitudes de chacun.

Plusieurs entreprises offrent l'occasion de pratiquer l'une ou l'autre des activités nautiques. Voir : Tourisme Îles de la Madeleine.

Les conditions de vent exceptionnelles de l'archipel font le bonheur des adeptes de sports éoliens. En plus de la mer, les véliplanchistes et les *kite-surfers* ont à leur disposition de nombreux plans d'eau. Le parc Fred Jomphe, dans la baie du Havre aux Basques, est le seul lieu aménagé avec un stationnement.

L'archipel est également un paradis pour les amateurs de voile. Pour les voiliers de passage, les nombreux ports offrent des escales agréables et les marinas de Cap-aux-Meules, Havre-Aubert et Havre-aux-Maisons proposent tous les services.

L'hiver, les lagunes offrent de belles étendues glacées sur lesquelles on peut glisser allègrement en char à glace, en motoneige, en ski cerf-volant, en ski de fond ou en patins. Nombreux sont les Madelinots qui aiment aussi y jouer au hockey!

Quelques pistes pour protéger et respecter les milieux naturels des îles de la Madeleine :

- respecter les zones sensibles (haltes migratoires, lieux de nidification) et conserver une distance minimale de 50 m avec les oiseaux et autres espèces animales ;
- ne laisser aucune trace de son passage (rapporter ses déchets, etc.).

Les kayakistes partent régulièrement à la découverte des secrets bien gardés de l'archipel. Ils pagaient dans les lagunes aux eaux claires ou en mer, près des côtes, ils observent en silence les oiseaux marins et ils admirent les falaises de grès rouge sculptées par la mer. Il faut voir les falaises de la Belle Anse s'embraser au coucher du soleil !

Les adeptes de la mer font du surf dans les vagues et, vêtus d'un habit isotherme, ils peuvent explorer les cavernes au gré des vagues.

Ceux qui s'adonnent à la plongée en apnée ou avec des bouteilles découvrent des fonds marins riches et fascinants. Ils peuvent rencontrer des poissons et, qui sait, des phoques ! Il faut aller sur les fonds rocheux pour contempler les forêts de laminaires et les colonies d'étoiles de mer accrochées aux parois.

Des excursions en bateau ou en zodiac offrent l'occasion d'admirer la côte depuis la mer et d'observer les grottes sous un angle nouveau. Les aventuriers profiteront des commentaires avisés des guides naturalistes pour découvrir l'île Brion, le Corps Mort ou l'île d'Entrée.

Tout au long de l'année, les pêcheurs peuvent assouvir leur passion. Au printemps, commence la pêche récréative à l'Anguille d'Amérique avec harpon. Les Îles sont d'ailleurs le seul endroit au Québec où cette technique est permise, car jugée traditionnelle. L'été, la pêche au maquereau se pratique en bateau ou bien depuis le cap aux maquereaux de Fatima ou encore depuis les quais (ligne à main). À l'automne, c'est l'Éperlan arc-en-ciel (filet maillant) qui est pêché. L'hiver, les petites cabanes de couleur posées sur la glace offrent un beau spectacle ! Les adeptes de la pêche blanche capturent la Morue franche, le Poulamon atlantique (ligne à main ou à la digue) et l'Anguille d'Amérique (harpon).

Les pêcheurs de coques et de palourdes apprécieront le calme et la faible profondeur des lagunes de la Grande Entrée et du Havre aux Maisons. La cueillette est réglementée pour une bonne survie de l'espèce d'une part, et pour des raisons de sécurité sanitaire d'autre part. À partir de la fin septembre, les chasseurs débusqueront la sauvagine dans les lagunes de l'archipel.

Avant de sortir, pensez à vous informer des conditions météorologiques (température, force et direction des vents et des vagues) et adaptez votre équipement en conséquence (habits, équipement de sécurité, protection contre les températures chaudes ou froides). Il peut être prudent d'aviser quelqu'un de votre sortie en mer.

La chasse et la pêche : d'hier à aujourd'hui

En collaboration avec le Musée de la mer

Les Amérindiens furent les premiers à profiter des ressources marines riches et variées qu'offraient les Îles. Il y a 8 500 à 2 500 ans, ils se rendirent depuis les Maritimes jusque dans l'archipel, archipel que les Micmacs nommèrent plus tard *Menagoesenog : îles battues par le ressac*. À compter du 16e siècle, des pêcheurs bretons, normands et basques pénétrèrent à leur tour dans le golfe en quête de littoraux propices au séchage de la morue. Ils partagèrent alors le territoire avec plus de 300 Micmacs.

Une abondance de ressources alléchantes et vitales

Après nombre d'incursions anglaises et françaises, au milieu du 18e siècle, le peuplement des Îles par des Acadiens débuta. En 1760, leur expérience de la chasse au morse fut mise à contribution par les autorités britanniques pour exploiter les troupeaux rassemblés sur les côtes madeliniennes. Le morse offrait viande et graisse à profusion. La ressource finit par disparaître des Îles en 1799, pour cause de chasse excessive.

Ce fut désormais le commerce de la morue séchée, des peaux et de l'huile de loup marin (phoque) qui permit à la population majoritairement acadienne de survivre.

> La chasse aux phoques est une activité qui permettait de subvenir aux besoins alimentaires de la population en fin d'hiver. Cette chasse traditionnelle, qui est la plus réglementée au monde, suscite aujourd'hui une polémique internationale.

Les Madelinots dépendent plus des ressources de la mer que la plupart des sociétés de pêcheurs disséminées le long de la côte atlantique qui peuvent compléter leurs revenus (…). Aux Îles, la pêche complète l'apport alimentaire des petites fermes de subsistance, fournit l'engrais pour la culture de la pomme de terre et permet de rembourser le marchand qui avance le matériel nécessaire à la capture et à la préparation des prises. Cette dépendance presque totale à la mer pourvoyeuse compromet souvent les revenus familiaux annuels, quand les mouvées de loups marins passent loin des côtes, quand les havres sont pris par les glaces jusqu'à la mi-mai, quand les tempêtes qui se succèdent empêchent les sorties en mer. [1]

Au cours du 19e siècle, les habitants renforcèrent l'industrie de la pêche en construisant des goélettes, surtout avec du bois provenant des navires naufragés. À bord de goélettes, certains s'aventurèrent plus loin en mer pour échanger - notamment avec les Américains - sel, rhum, agrès de pêche et denrées de subsistance.

Une abondance surexploitée

Au cours du 20e siècle, on pratiqua aux Îles la pêche côtière au maquereau, au hareng et plus encore la pêche à la morue. Les ressources furent rapidement surexploitées : chaque printemps des morutiers étrangers (américains, hollandais, français) envahissaient les côtes de l'archipel pour s'approvisionner en appât (*boëtte*), qu'ils utilisaient pour la pêche à la morue près de Terre-Neuve et pour apprêter les cages à homards.

À compter des années 50, le gouvernement encouragea fortement la pêche industrielle pour répondre au marché nord-américain, ce qui coïncida ainsi avec l'avènement de l'électricité aux Îles, la construction d'entrepôts frigorifiques et l'arrivée des chalutiers. En raison de la surcapacité des engins et de la surpêche, l'efficacité de la flotte hauturière rompit l'équilibre des populations, et aboutit à l'épuisement des ressources. En 1994, après avoir réalisé les effets de cette surexploitation, on a assisté impuissants au moratoire sur la pêche aux poissons de fond (morue, sébaste). Certaines espèces de poissons pêchées intensivement pendant de nombreuses années constituent désormais des populations sensibles et donc exploitées avec prudence.

1 Les Îles-de-la-Madeleine, Les régions du Québec, Jean-Charles Fortin, Les Éditions de l'IQRC, 2004, p.50-51

Des moyens de gestion efficace

De nombreuses mesures de gestion ont été mises en place pour contrôler les ressources de façon durable. Chaque espèce est régie par un ensemble de mesures, comme par exemple : la mise en place de quotas, le contrôle du nombre de permis et de casiers, la mise en place de dates officielles d'ouverture et de clôture des saisons de pêche et l'établissement d'une taille minimale de capture, etc.

Une des mesures de gestion du homard consiste à remettre systématiquement à l'eau les femelles œuvées, c'est-à-dire les femelles qui retiennent les œufs sous leur queue.

La pêche : pierre angulaire de l'économie insulaire encore aujourd'hui

Historiquement et géographiquement tourné vers la mer, l'archipel madelinien a su développer une industrie de la pêche performante. Aujourd'hui, bien que saisonnière, elle est un moteur économique de l'archipel, et elle constitue également le secteur qui génère le plus de revenus. La majorité des opérations se déroule du début avril à la fin octobre. Au plus fort de la saison, c'est plus de 2 000 personnes qui travaillent dans le secteur de la pêche et de la transformation. La flotte madelinienne comporte environ 400 bateaux, lesquels sont rattachés à environ 10 havres de pêche.

La pêche au Homard d'Amérique commence début mai avec la mise à l'eau des cages, moment fort de la vie aux Îles. Avec plus de 325 bateaux en activité, elle est une pêche de grande importance. Les pêcheurs madelinots sont reconnus pour leurs efforts visant à protéger la ressource, ce qui leur permet de sauvegarder une industrie prospère et le titre de capitale du homard québécois.

La pêche commerciale au Crabe des neiges est relativement récente au Québec (1967), et elle génère des revenus appréciables dans l'archipel. Les bateaux parcourent une cinquantaine de kilomètres au large pour atteindre les fonds de pêche.

La pêche au Homard d'Amérique et la pêche au Crabe des neiges sont réputées être les pêches les mieux gérées sur la côte atlantique.

La pêche au Maquereau bleu est une pêche côtière qui se déroule entre juin et octobre. À l'aide d'un filet ou d'une ligne à main munie de plusieurs hameçons, le maquereau est pêché pour la consommation et utilisé comme appât dans la pêche au crabe et au homard.

Également utilisé comme appât et vendu pour la consommation, le Hareng atlantique est l'objet d'une pêche importante qui a lieu au printemps et parfois à l'automne. Aujourd'hui, une partie des harengs pêchés est fumée localement.

De la mer à la terre
Autrefois, les œufs de hareng ramassés sur la plage servaient d'engrais pour les jardins. Les carapaces de homard broyées fournissaient un excellent amendement calcaire pour les sols acides. Aujourd'hui, elles entrent dans la composition de la moulée pour le rationnement des volailles.

À la poissonnerie, il est possible de trouver des poissons et des fruits de mer pêchés localement. Des poissons tels que la Morue franche, le Sébaste atlantique, le Flétan atlantique et les plies, sont pêchés en profondeur, alors que le Maquereau bleu, le Hareng atlantique, le Requin mako et l'Éperlan arc-en-ciel sont pêchés dans la colonne d'eau ; les profondeurs et la colonne d'eau constituant leurs habitats respectifs. On peut également s'approvisionner en homards, crabes, buccins, pétoncles, coques, palourdes, couteaux de mer et moules de culture des Îles.

Un secteur en devenir

L'industrie maricole, qui gagne en importance, est apparue aux Îles en 1984 avec la première exploitation commerciale de la Moule bleue. Elle s'est enrichie en 1997 de la culture de la Mye commune (coque), en 1998 de celle du Pétoncle géant et des essais de culture commerciale de l'Huître américaine ainsi qu'à partir de 1999, des recherches sur l'élevage en lagune de l'Oursin vert.

La mariculture se pratique dans les lagunes qui offrent des conditions de croissance très favorables.

J.F.N.

Collaboration :

À travers des actions de conservation, de recherche, de mise en valeur, de diffusion et d'éducation, le Musée de la mer a pour mission de sauvegarder le patrimoine mobilier et vivant, et d'accroître la connaissance de l'histoire, du patrimoine et de la culture des Îles-de-la-Madeleine, en mettant l'accent sur l'identité de ce peuple maritime et insulaire.

Activité nature : Découverte des trésors de mer

En collaboration avec l'Aquarium des Îles de la Madeleine

De nombreux animaux fréquentent les eaux de rivage, tout près de nous. Que vous soyez sur le bord d'une plage, d'une lagune ou d'un quai, la découverte de la vie marine plaira à coup sûr à toute la famille !

Quoi apporter ?

Un seau, une épuisette, des bottes de caoutchouc ou de vieilles espadrilles et, pourquoi pas, un masque de plongée.

Comment les découvrir ?

Plusieurs animaux marins aiment s'enfouir dans le sable, se camoufler entre les rochers et les algues ou sous un quai. Partez en quête d'un milieu naturel où les cachettes sont nombreuses et mettez vos pieds dans l'eau !

Observez les animaux dans leur habitat naturel. Soyez discret et attentif. Pensez à soulever doucement les rochers et les algues échouées ou à creuser légèrement le sable. Si des animaux s'y trouvent, prenez le temps de les identifier en observant leurs comportements, et évitez de les toucher. Si vous désirez capturer temporairement un animal, utilisez une épuisette. Vous pourrez ensuite le déposer délicatement dans votre seau rempli d'eau de mer. Vos trésors de mer devront être retournés dans leur habitat original dans un court laps de temps, avant que l'eau ne se réchauffe trop.

> S'ils sont touchés, blessés ou capturés, les animaux subissent un stress susceptible de les affaiblir et de les rendre vulnérables face aux prédateurs. De plus, certains sont dotés de moyens de protection susceptibles de vous blesser.

Sites coups de cœur (voir carte des Îles)

▪▪ Quai du Cap-Vert (baie du Cap-Vert, Fatima, île du Cap aux Meules).
▪▪ Plage de la Pointe-Basse (chemin du Quai, île du Havre aux Maisons) : près des gros rochers.
▪▪ Lagunes et baies : tous les plans d'eau intérieurs.

> La **marée basse** dévoile souvent les rochers et permet la création de petits bassins qui regorgent de vie. Voici une belle occasion de pratiquer cette activité !
> **Attention aux roches qui peuvent être très glissantes** à cause de la présence d'une mince couche d'algues, et **prenez garde aux balanes, de petits crustacés coupants** qui s'y trouvent.

Espèces à découvrir

Échinoderme

Étoile de mer commune

À l'aide de ses cinq bras caractéristiques, l'étoile de mer commune consomme des mollusques ; elle enserre leur coquille pour les ouvrir, puis introduit son estomac à l'intérieur pour digérer la chair. Si une étoile de mer se trouve démantibulée, sachez qu'un

> À une époque, les étoiles de mer étaient jugées trop abondantes et trop voraces. Les pêcheurs qui en attrapaient, les coupaient parfois en plusieurs morceaux avant de les rejeter à la mer. Sans le savoir, loin de réduire la population d'étoiles de mer, ils la multipliaient !

bras d'étoile de mer pourra, à condition qu'il ait conservé un bout du disque central, se développer pour former de nouveau une étoile de mer complète.

Poissons

Anguille d'Amérique

On la reconnaît à son corps allongé muni d'une longue nageoire. En guise de protection, sa peau sécrète un mucus visqueux qui la rend très difficile à capturer. Elle passe une grande partie de sa vie en eau douce, et migre en eau salée pour se reproduire. Certaines anguilles voyagent plus de 6 000 km pour aller frayer dans la mer de Sargasse.

Chaboisseau à épines courtes, couramment nommé *plogueuil*

En guise de camouflage, ce poisson adopte différentes couleurs selon les teintes de son environnement. Une fois pondus, les œufs sont gardés par le mâle qui devient alors très territorial.

Épinoche et Choquemort

Ces petits poissons comptent parmi les plus abondants dans les lagunes.

Les épinoches ont une nageoire dorsale munie d'épines. Les diverses espèces d'épinoches se distinguent par le nombre d'épines (3,4 ou 9) du poisson ou par les taches qu'il a sur lui. Les épinoches tolèrent autant une faible qu'une forte salinité. Le mâle devient rouge pour faire la cour à la femelle, et il assure la construction ainsi que la garde du nid. Les choquemorts ont un corps robuste et sont très vigoureux. Ils sont capables de vivre longtemps dans une eau stagnante et pauvre en oxygène. L'hiver, ils sont enfouis dans la vase des cours d'eau. Ils sont, à l'occasion, utilisés comme appât pour la pêche récréative.

Plie rouge

La plie est un poisson plat. Chaque individu commence sa vie à la verticale avec un œil de chaque côté. Au cours de son développement, elle se couche sur le coté, puis continue de nager ainsi. L'œil orienté au sol migre pour rejoindre l'autre œil. Le côté tourné vers le sol devient couleur crème foncé alors que l'œil supérieur adopte diverses teintes selon la couleur du fond (stratégie de camouflage). Le corps aplati de la plie lui permet de s'enfouir dans le sable. Ce poisson côtier est pêché principalement pour servir d'appât dans les casiers à homards.

Sigouine de roche

Muni de petites taches de couleurs variables, ce long poisson peut facilement être confondu avec une anguille. De petits groupes se camouflent sous les roches.

Tanche tautogue

Ce poisson, plutôt social, se laisse facilement approcher. L'hiver, il se réfugie dans les anfractuosités des rochers en eaux peu profondes, et il demeure inactif. Plusieurs y meurent faute de s'être adaptés à l'eau froide. La tanche est bien appréciée des cormorans.

Crustacés

Bernard l'hermite

Ce petit crustacé, à l'abdomen mou et aux longs yeux tubulaires, utilise comme abri des coquilles vides, dont il est contraint de changer au fur et à mesure qu'il grandit. Il se déplace grâce à ses pattes avant, partie dure de son corps. Menacé, il s'enfouit au fond de sa carapace, laissant devant lui sa plus grosse pince pour se protéger.

Crabe commun, couramment nommé *crabe tourteau*

Le crabe mue plusieurs fois dans sa vie pour grandir. Au cours de cette opération nécessaire à sa croissance, le crabe renouvelle sa carapace et demeure un temps sans protection, mou et très vulnérable face aux prédateurs. Les exuvies, c'est-à-dire les carapaces abandonnées lors de la mue, sont fréquemment rejetées par la mer, et on les trouve en grand nombre sur les plages. La femelle conserve ses œufs sous elle jusqu'à leur éclosion.

Crevette grise de sable

Enfouie ou simplement immobile sur le sable, cette petite crevette est difficile à voir, compte tenu de ses teintes grisâtre et beige qui lui assurent un bon camouflage. De plus, elle a une capacité de réaction très rapide. Peut-être la sentirez-vous sous vos orteils ! Elle abonde dans les zosteraies des lagunes. À ne pas confondre avec la crevette qui fait l'objet d'une pêche commerciale. Celle-ci se trouve en profondeur et il n'y en a pas aux Îles.

Gammare

Ce petit crustacé très commun est souvent confondu avec les crevettes. À marée basse, des milliers de gammares peuvent être observés tant à découvert que sous les amas d'algues. Lorsqu'ils sont près du fond, les gammares se meuvent latéralement à l'aide de petites pattes nageuses, le corps recourbé en demi-cercle.

Homard d'Amérique

Le homard broie les coquilles de ses proies d'une pince (plus massive), et en déchiquette la chair de l'autre (plus grande et plus mince). Selon le côté où se trouve cette dernière pince, il sera considéré comme droitier ou comme gaucher. Les pattes et les pinces arrachées repoussent. Le homard juvénile subit une vingtaine de mues avant d'atteindre l'âge adulte, vers quatre ou cinq ans. Il continue alors de muer, mais une seule fois par an ou moins, et il croît plus lentement. Sa couleur varie du bleu au rouge orangé, selon son habitat. En hiver, il migre en eau plus profonde.

Pour les yeux aguerris…

Ver trompette ou Ver en cornet

Ce petit ver vit caché à l'intérieur d'un cône de grains de sable retenus ensemble par du mucus et ouvert aux deux extrémités. Grâce aux petites soies qu'il a sur la tête, il peut s'enfouir dans le sable et trouver sa nourriture qu'il capture avec des tentacules situés près de la bouche. Souvent, vous pouvez trouver le cornet vide sur la plage.

Une visite estivale…

Méduse rouge de l'Arctique ou Crinière de lion, couramment appelée *soleil de mer*

Facile à reconnaître grâce à son ombrelle violacée et à ses nombreux tentacules, elle fréquente les côtes, dérivant ou nageant par contraction de l'ombrelle. Ses tentacules sont munis de dards et d'ampoules de venin qui lui permettent de paralyser de petites proies. Chez l'humain, un contact momentané avec ces tentacules provoque une simple irritation cutanée, alors qu'un contact prolongé peut occasionner des

> Des méduses de plus de deux mètres de diamètre avec des tentacules de 25 mètres ont déjà été observées dans l'Arctique.

crampes musculaires et des difficultés respiratoires. On rencontre fréquemment des ombrelles gélatineuses échouées sur la plage. Composée à plus de 90 % d'eau, une fois échouée, la méduse disparaît rapidement.

> Observez bien les morceaux de bois sur le bord de l'eau. S'ils sont parsemés de petits trous, ils sont susceptibles d'abriter de petits animaux appelés *tarets*. Ceux-ci creusent des tunnels pour se nourrir des particules contenues dans l'eau et le bois.

Le saviez-vous ? Les animaux marins ont besoin d'être immergés dans l'eau pour vivre. Ils y trouvent leur nourriture et respirent l'oxygène qu'elle contient. Cependant, certains peuvent survivre hors de l'eau un certain laps de temps. Découvrez lesquels !

Groupes d'animaux marins	Caractéristiques	Stratégies d'adaptation pour survivre à marée basse, s'il y a lieu	Exemples
Crustacé	• Carapace • Antennes • Pattes articulées et pinces	**Ne peut pas faire de réserve d'eau.** Va trouver une flaque d'eau à l'ombre ou se cacher dans les algues pour éviter le dessèchement.	• Crevette • Homard • Puce
Échinoderme	• Épines	**Ne peut pas faire de réserve d'eau** et n'est donc pas adapté pour survivre à marée basse.	• Oursin vert • Dollar de sable • Étoile de mer

Mollusque	• Corps mou
	• Une coquille (univalve) ou deux coquilles (bivalve)
	• Pied ventral
		Fait des réserves d'eau temporaires à l'intérieur de sa coquille. L'univalve ferme l'ouverture à l'aide d'une plaque calcaire ou cornée (opercule) et conserve hermétiquement l'eau, alors que le bivalve serre les deux parties de sa coquille.	• Univalves :
			  - Crépidule
			  - Buccin
			• Bivalves :
			  - Coque
			  - Couteau

Poisson	• Possède souvent des écailles • Nageoires • Branchies cachées sous des plaques osseuses	**Ne peut pas faire de réserve d'eau** et n'est donc pas adapté pour survivre à marée basse.	• Chaboisseau • Plic rouge • Épinoche
Ver	• Corps mou, cylindrique et allongé	**S'enfouit dans le sable pour y trouver de l'eau.**	• Ver trompette • Néréis • Arénicole

AQUARIUM
ILES - DE - LA - MADELEINE

Collaboration :

Situé au coeur du site historique de la Grave à Havre-Aubert et fondé en 1987, l'Aquarium des Îles vous invite à prendre contact avec la vie aquatique de diverses espèces (algues, cnidaires, échinodermes, crustacés, mollusques, poissons et mammifères marins) et l'environnement marin.

Activité nature : Pêche aux coques

En collaboration avec le Comité ZIP des Îles-de-la-Madeleine

Activité traditionnelle madelinienne, la pêche aux coques vous fera passer un bon moment au grand air et, si la pêche est fructueuse, vous permettra de déguster un délicieux repas !

La Mye commune est communément appelée *coque*. Les pêcheurs l'utilisaient autrefois comme appât de pêche, appelé *boëtte* aux Îles. Il incombait aux femmes de pêcher les coques. Aujourd'hui, on utilise du poisson comme appât.

Protégez votre santé !

La coque est un mollusque bivalve (à deux coquilles) et fouisseur (vit dans le sable). Elle filtre l'eau pour respirer et se nourrir. Si elle se trouve dans un lieu contaminé, elle peut accumuler des substances bactériologiques ou toxiques dans ses tissus.

Pour en savoir plus :
- Info-Mollusques : 418-986-3882
- Tourisme Îles de la Madeleine

Afin que l'activité demeure agréable jusqu'à la phase de la digestion, assurez-vous de **pêcher dans une zone ouverte à la cueillette de mollusques.** En raison des **risques potentiels pour la santé humaine** dus à la contamination de l'eau, certaines zones coquillières sont fermées de façon temporaire ou permanente. Bien que des panneaux placés à des endroits stratégiques signalent ces zones, ils peuvent ne pas être vus. Il est donc fortement recommandé de s'enquérir des zones ouvertes à la cueillette des mollusques.

Quoi apporter ?

Pour creuser : pelle, gants, bêche, siphon à toilette
Pour déposer les coques recueillies : seau
Pour votre confort : crème solaire, chapeau, coupe-vent

Où pratiquer la pêche aux coques ?

Principalement dans les lagunes et les baies : voir la carte des Îles pour les principaux endroits. Une carte détaillée des différents secteurs coquilliers des Îles est disponible au bureau du Comité ZIP des Îles-de-la-Madeleine.

Savez-vous trouver des coques ?

Rendez-vous sur un platier (haut-fond de sable) idéalement à **marée basse ou descendante**, et marchez jusqu'à ce que vos chevilles soient couvertes d'eau. Accroupissez-vous, observez le fond : un **petit trou** indiquera la présence d'une coque enfouie. Pour attraper l'animal, creusez rapidement mais délicatement avec un outil ou avec vos mains (gare aux coquilles fragiles et coupantes !). Une excellente technique, qui fait parfois sourire, consiste à siphonner au-dessus du trou avec un siphon à toilette.

Déposez ensuite les coques dans un seau d'eau de mer et ramenez votre trésor à la cuisine. Ayant passé un moment à filtrer l'eau de mer contenue dans le seau, elles auront tendance à rejeter le sable qu'elles renferment. Une partie de l'eau de mer peut ensuite être utilisée pour la cuisson.

À quelle heure la marée est-elle basse ?

L'heure des marées change tous les jours et varie selon le secteur. Aussi faut-il s'informer avant de prévoir une activité aux coques :

- Environnement Canada : 418-986-3700 ou http://www.lau.chs-shc.gc.ca/trench/Canada.shtml (voir Index des localités / Cap-aux-Meules)
- Tourisme Îles de la Madeleine

cueillez les myes (coques) qui ont une taille de 51 mm ou +

Pêches et Océans Canada — Fisheries and Oceans Canada
Comité ZIP - Îles de la Madeleine

Une ressource à préserver

Afin de protéger la ressource, il est important de remettre à l'eau les coques de taille inférieure à la taille légale de capture, qui est fixée à 51 mm (environ 2 pouces).

Comment préparer les coques ?

Pour faire sortir le sable : les rincer à quelques reprises puis les laisser reposer au sec dans un endroit frais pendant quelques heures. Ensuite, tremper à nouveau les mollusques dans l'eau fraîche (avec du sel) pendant quelques heures encore.

Pour les cuire : ajouter un peu d'eau salée au fond d'un grand chaudron, porter à ébullition et ajouter les coques. Lorsque les coquilles s'ouvrent, compter de trois à cinq minutes à température maximale.

Attention ! Pour éviter tout risque, prenez soin de consommer uniquement les mollusques dont les coquilles se seront ouvertes.

À table !

Avant de les déguster, retirer la gaine mince, noire et plissée qui recouvre les siphons. Bien qu'elles se mangent sans apprêt, les coques peuvent être ajoutées à une sauce ou être intégrées à divers plats.

Histoire d'une coque en bref

Les coques sont sexuées ; chaque organisme est soit mâle ou femelle. À maturité, elles libèrent leurs cellules reproductrices dans l'eau où se produit la fécondation. Les oeufs fécondés produisent des larves qui sont transportées dans la colonne d'eau, pour finir par subir plusieurs métamorphoses et retomber sur le fond. À environ 1 cm de taille, la coque commence à s'enfouir grâce à son pied et à ses siphons. Plus elle grossit, plus elle est apte à s'enfouir profondément. Une empreinte est laissée à la surface du sable ; il s'agit d'un petit trou suivi d'un canal qui permet le déploiement des siphons (voies de respiration et d'alimentation). Sa croissance varie selon le temps d'immersion, les marées, la qualité de son habitat et les saisons. Environ cinq années sont nécessaires avant que la coque n'atteigne la taille de capture.

ÎLES DE LA MADELEINE

Collaboration :

Créé en 1999, le Comité ZIP des Îles-de-la-Madeleine est un organisme de concertation en environnement qui a pour mission de protéger, conserver, restaurer et mettre en valeur le Saint-Laurent (affluents, berges, plans d'eau intérieurs, cours d'eau, milieux humides) et les eaux ceinturant l'archipel des îles de la Madeleine dans un rayon d'environ 100 km.

Activité nature : Plongée libre

En collaboration avec Mario Cyr, plongeur et caméraman sous-marin professionnel

Les merveilles du fond marin sont accessibles à tous ceux qui aiment l'eau et savent nager ; pour plonger en mer, nul besoin d'une expertise en natation, d'une certification spéciale ou d'un équipement complexe. La plongée libre peut offrir un grand sentiment d'émerveillement et de détente, en plus d'ouvrir les portes d'un nouveau monde !

Équipement

Essentiel : masque de plongée adapté à votre visage (pour éviter l'infiltration d'eau), tuba, palmes, combinaison chaude de plongée en néoprène bien ajustée (ni trop serrée, ni trop grande). **Recommandé :** bonnet, mitaines et chaussures en néoprène.

Confort et relaxation : le secret d'une plongée réussie

Il importe de se familiariser avec l'équipement avant de partir en plongée libre. Votre masque doit être confortable et vos cheveux bien dégagés, à l'extérieur du masque. Tentez de vous habituer à respirer dans le tuba, et à entendre votre respiration : la respiration en mer doit être régulière et calme, et il faut éviter de s'essouffler par une nage trop rapide ou des mouvements inutiles.

La combinaison en néoprène augmentera votre niveau de flottaison : il vous sera aisé de rester à la surface de l'eau, détendu, la tête partiellement sous l'eau, en agitant doucement vos jambes pour vous diriger.

Fin prêt, il ne reste plus qu'à ouvrir grand les yeux pour découvrir de nouvelles espèces, parfois dissimulées dans le sable ou entre les algues. Conseil d'expert : évitez de trop sourire d'émerveillement ou de plaisir car l'eau risque de s'infiltrer dans votre masque !

Apparition de la vie sous-marine

La mer peut paraître mystérieuse et intimidante lorsqu'on la regarde de la surface, mais les jours de bonne visibilité, en l'observant de près, il est rassurant d'y voir un monde rempli de vie et fascinant de beauté.

Sites coups de cœur (voir carte des Îles)

▪▪ Derrière les buttes des Demoiselles (Île du Havre Aubert)
▪▪ Ancien quai de l'Étang-des-Caps (Bassin, île du Havre Aubert) **Attention : courants forts !**
▪▪ Île aux Goélands (L'Étang-du-Nord, île du Cap aux Meules) **Attention : courants forts !**
▪▪ Pointe de l'Échouerie (Gros-Cap, île du Cap aux Meules)
▪▪ Cap de l'Hôpital (Fatima, île du Cap aux Meules)
▪▪ Ancien quai de la Dune-du-Sud (jetée en pierre à la halte routière, Dune-du-Sud, île du Havre aux Maisons)
▪▪ Ancien quai de Old-Harry (île de Grosse Île) **Attention : courants forts !**

Espèces à découvrir

Les espèces présentées ici sont observables à moins de 20 pieds de profondeur. Les vieilles pièces de bois, telles que celles provenant d'anciens quais, ou les faces cachées des roches sur le fond marin sont des sites propices à l'observation de plusieurs de ces espèces.

Acmée à écaille de tortue

Anémone rouge du Nord

Bernard-l'hermite pubescent

Buccin commun

Crabe commun

Dollar des sables

Crevette grise de sable

Chaboisseau à épines courtes

Éponge digitée

Étoile de mer commune

Homard d'Amérique

Laitue de mer

Lunatie de l'Atlantique

Laminaire à long stipe

Littorine commune
ou Bigorneau comestible

Main-de-mer palmée ou Laitue rouge

Mousse d'Irlande

Moule bleue

Oursin vert

Pêche de mer

Plie rouge

Sigouine de roche

Conseils pratiques pour une plongée sécuritaire

⠿ Trouver un partenaire fiable pour vous accompagner.

⠿ Opter pour une journée sans vent et une mer calme et sans houle.

⠿ Rester à distance raisonnable du bord de l'eau en tout temps (sauf si une embarcation vous accompagne).

⠿ S'informer des courants, et rester vigilant tout au long de l'activité, car ils peuvent vous transporter rapidement à un endroit d'où il sera difficile de revenir.

⠿ Privilégier les endroits où la visibilité est bonne : où les rayons du soleil peuvent se rendre, et où il est possible de voir le fond.

⠿ Privilégier de courtes sorties, et rester à l'écoute des premiers signes d'hypothermie : frissons, engourdissements, respiration rapide, etc.

⠿ Apporter une veste ou une planche de flottaison reliée à une corde que vous tiendrez (non attachée) dans votre main pendant l'activité. Elle permettra aux embarcations de vous repérer, et vous donnera un répit au besoin.

Bonne plongée !

L'apnée en bref pour ceux qui veulent plonger sous l'eau

Dans l'activité plongée libre proposée, il n'est pas nécessaire de plonger la tête sous l'eau pour découvrir le monde sous-marin. Pour ceux qui désirent voir les espèces de plus près, il est aussi possible de descendre de quelques mètres au fond de l'eau. Médicalement, l'apnée désigne l'arrêt de la respiration. Dans le cadre des sports sous-marins, le terme « apnée » désigne la plongée sans bouteille. Plus spécifiquement, on parlera d'apnée lorsque le plongeur fera une descente sous l'eau en retenant sa respiration. La technique est relativement simple, mais efficace seulement si elle est bien maîtrisée.

- Si vous portez une combinaison en néoprène, il sera difficile de plonger sans porter une ceinture avec des poids. Celle-ci diminuera votre degré de flottaison.

- Pour descendre plus efficacement, la technique du canard est recommandée.

- Prenez une grande inspiration avant de plonger.

- Pour éviter de ressentir la pression de l'eau qui pourrait être douloureuse, et qui pourrait endommager vos tympans, il est essentiel de rétablir l'équilibre entre la pression extérieure de l'eau et celle de l'oreille moyenne (manoeuvre de Valsalva). Bouchez votre nez dès le début de la manœuvre de descente, et tentez de souffler doucement par le nez de façon quasi continue lors de la descente. Si une douleur apparaît tout de même, remontez tranquillement à la surface.

- N'oubliez pas, avant d'inspirer à votre retour à la surface de l'eau, d'expirer avec vigueur pour faire ressortir l'eau de votre tuba!

- La personne qui vous accompagne devrait exercer une surveillance visuelle tout au long de la plongée.

Pour plus d'informations sur l'apnée, surfez sur Internet!

Collaboration :

Natif des Îles-de-la-Madeleine, Mario Cyr est un passionné de la mer. Plongeur et caméraman professionnel, il a accumulé plus de 8 000 plongées, et a participé à plus de 70 productions documentaires à travers le monde. Il est notamment copropriétaire et maître d'équipage du Sedna IV. Ses nombreuses missions sous-marines nous font découvrir la richesse des mers du monde, mais également l'impact de l'humain sur elles.

Milieu Dunaire

La formation des dunes

Le milieu dunaire est en étroite relation avec la mer, et sa stabilité est fortement liée à la vie qui l'anime, celle-ci modulant jusqu'à la forme des dunes.

Comment les dunes se forment-elles ?

Au gré des vagues et des marées, la mer dépose les grains de sable sur le rivage, où le vent les assèche, puis les emporte vers le haut de la plage.

Dans leur pèlerinage aérien, les grains frappent parfois un coquillage, une algue, du bois ou des cailloux échoués, et s'accumulent contre ces obstacles, ainsi qu'au pied des rares plantes qui poussent sur la plage.

Avec le temps, cet ensablement crée des bourrelets de sable, nommés **dunes initiales**, qui s'alignent tel un pointillé au-delà des marées hautes normales, sur le haut de la plage.

Croissance des dunes

Au bout d'un moment, plusieurs dunes voisines se joignent et forment un coteau de sable continu nommé **dune bordière**, dune mobile ou *buttereau*, qui est le nom donné par les Madelinots. Grâce à la présence d'une plante – l'Ammophile à ligule courte ou *foin de dune* ❶ - la dune bordière prend de l'ampleur et demeure en place, telle une forteresse, entre la plage et les terres intérieures.

Des plantes sur la plage !

Les conditions de la plage sont inhospitalières pour les végétaux. Néanmoins, certaines plantes pionnières ❷ - comme l'Ammophile à ligule courte, le Caquillier édentulé et la Sabline faux-péplus - y poussent aisément et s'enracinent parfois tout près de l'eau.

Pour résister aux conditions asséchantes de la plage (vent et sel), elles ont développé des **moyens d'adaptation** : par exemple, la cire recouvrant la surface de l'ammophile en limite l'évaporation, les minuscules feuilles de la sabline diminuent sa transpiration, et les feuilles charnues du caquillier emmagasinent l'eau.

Ces plantes sont également **peu exigeantes** : les résidus d'algues et d'animaux échoués sur la plage leur fournissent un engrais suffisant.

L'Ammophile à ligule courte, l'amoureuse du sable

Ammophile signifie « *qui aime le sable* ».

Sur la plage, les longues et minces feuilles de l'ammophile font obstacle au vent, et provoquent la chute des grains au pied de la plante. Alors que l'accumulation de sable gagne en hauteur, l'ammophile pousse toujours plus haut, ce qui permet à l'ensablement de se poursuivre. Les racines et les tiges ensevelies ❸ de la plante, quant à elles, se ramifient sous le sol, formant une sorte de toile aux mailles bien serrées qui emprisonne le sable et fixe la dune dans sa forme caractéristique.

Étant donné ses propriétés stabilisatrices, on utilise l'ammophile pour restaurer les dunes endommagées. On prélève des tiges dans un secteur sain, et on les transplante dans les brèches dunaires. Des capteurs de sable ❹ sont souvent utilisés au préalable, pour amorcer l'ensablement.

Bien que la plante résiste aux assauts du vent et de la mer, elle est très fragile au piétinement répété. La mort du plant libère le sable, et rend les dunes vulnérables face aux vents et aux vagues qui constituent d'importants facteurs d'érosion.

Stabilisation des dunes grâce aux plantes

En s'éloignant de la mer, derrière le *buttereau*, les conditions s'adoucissent graduellement. L'air et l'eau contiennent moins de sel, les vents diminuent, le sable est moins volatile et les sols sont plus riches en nutriments. Des plantes rampantes, des plantes herbacées et des arbustes bas 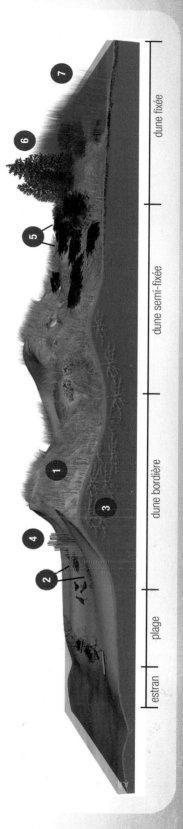 commencent à s'y installer. Leur présence stabilise le sol. Pour cette raison, cette zone est nommée **dune semi-fixée.**

Un peu plus loin, quelques arbres rabougris ❻ apparaissent, et une plus grande variété d'arbustes, de plantes herbacées, de mousses et de lichens forme une couverture dense immobilisant presque complètement le sable : on dit alors que la dune est **fixée** ou **boisée.**

De l'eau dans les dunes

Selon la période de l'année, le relief et la fréquence des inondations, l'arrière-dune est plus ou moins gorgée d'eau douce, d'eau saumâtre ou d'eau salée. Accueillant de nombreuses espèces vivantes, les vastes marais ❼, tourbières et marécages ainsi formés contribuent de façon remarquable à la richesse biologique des îles.

Les Sillons

Dans la section sud-ouest du secteur Dune-du-Sud, même en voiture depuis la route, on peut observer une formation géologique inusitée nommée *Les Sillons*. Une trentaine de crêtes dunaires fixées par de la végétation et séparées par des dépressions humides s'étendent sur 2,2 km vers l'intérieur de la lagune. Plusieurs hypothèses expliquent leur présence, dont celle selon laquelle elles correspondraient à d'anciennes dunes bordières ; le littoral de la dune du Sud évoluant tranquillement vers l'est.

M.P.

estran | plage | dune bordière | dune semi-fixée | dune fixée

47

La dynamique des dunes

Au cours des saisons, les vagues influencent fortement la dynamique des plages et des dunes.

À la fin du printemps et en été, les plages sont dans une phase dite d'engraissement. À cette période, comme la vague déferlante (le jet de rive) est d'une puissance supérieure à celle de la vague de retour (la nappe de retrait), la quantité de matériaux (sable, cailloux, etc.) échoués sur la plage dépasse la quantité de matériaux qui retournent à la mer. C'est à cette période que les plages atteignent leur largeur maximale.

La phase dite de démaigrissement (perte de sable) se déroule à l'automne, au début de l'hiver et au début du printemps. Les plages sont alors plus étroites, les vagues plus cambrées et les nappes de retrait plus érosives attaquent jusqu'au pied des dunes. Au printemps, ce sont les pluies qui provoquent, par ruissellement, l'érosion des plages.

Au cours d'une année, on dit d'une zone de plage dont les pertes en sable sont compensées par ses gains, qu'elle possède un bilan sédimentaire équilibré. En revanche, si ce bilan est négatif, le *buttereau* prend la forme d'une falaise abrupte dont le sommet finit pas s'effondrer sur la plage. Dans ces conditions, le *buttereau* aura tendance à reculer vers l'intérieur des terres d'année en année.

Essentielles à l'équilibre écologique de l'archipel, les dunes…

- protègent les nappes souterraines d'eau potable, l'unique source en eau de l'archipel, contre la contamination par l'eau salée ;
- absorbent l'énergie des vagues, atténuant l'érosion des falaises et des plages ;
- préviennent l'ensablement des infrastructures, des milieux humides, des forêts, etc. ;
- sont à l'origine de la formation des lagunes et des bassins ;
- relient les îles entre elles : routes, réseaux électriques, télécommunications ;
- fournissent un habitat essentiel à de nombreuses espèces animales et végétales, dont plus d'une quinzaine sont désignées en péril au Canada et/ou au Québec.

Et enfin, elles offrent de magnifiques paysages !

Les espèces du milieu dunaire

On trouve sur le rivage et les dunes de sable de nombreux organismes vivants. Chacun étant fortement lié aux autres pour survivre, une espèce qui disparaît déstabilise le milieu. Voici les principaux groupes d'espèces qui peuplent le milieu dunaire, ainsi que leurs rôles.

Flore	
Sur le rivage : Plantes pionnières. Elles s'établissent sur la plage grâce aux débris marins qui enrichissent le sol. Elles favorisent la formation des dunes. • ammophiles • caquilliers • sablines	**Derrière la dune bordière :** Le sol est plus riche, les conditions sont moins rudes. Diverses espèces s'installent, fixant le sable et offrant nourriture et abri aux animaux. • ammophiles • carex • genévriers • fétuques • hudsonies • épinettes • pois de mer • myriques • aulnes • smilacines • airelles (canneberges, bleuets, *berris*)

Faune invertébrée	
Sur le rivage : D'origine marine ou terrestre, consomment surtout des débris marins. • vers marins • guêpes • mouches • moustiques • puces de sable • taons	**Derrière la dune bordière :** De formes variées, mangent des débris végétaux ou animaux, du pollen, d'autres insectes, etc. Contribuent à enrichir le sol en humus. • guêpes • fourmis • papillons • moustiques • libellules • chenilles • mouches • hannetons • vers de terre

Faune vertébrée	
Sur le rivage : Surtout des oiseaux utilisant le rivage pour s'alimenter et nicher. Également, mammifères omnivores et charognards. • goélands • pluviers • barges • corbeaux • bécasseaux • courlis • renards • chevaliers	**Derrière la dune bordière :** Petits oiseaux omnivores, grands oiseaux de proie, rongeurs et mammifères omnivores. Leurs excréments enrichissent le sol, favorisant l'établissement de nouvelles espèces végétales. • alouettes • busards • musaraignes • renards • pipits • faucons • campagnols • coyotes • bruants • balbuzards • souris

Le Renard roux

Lors d'une ballade sur la plage, peut-être aurez-vous la chance d'apercevoir un renard ? L'animal creuse parfois son terrier dans les dunes, où il se nourrit d'oiseaux, d'œufs, de rongeurs et de petits fruits. Vous le verrez peut-être de loin, bondir prodigieusement sur sa proie. Son pelage est roux, parfois gris, brun ou même noir, et le bout de sa queue est blanc.

Jacques Cartier, dans ses récits de voyage aux îles de la Madeleine, fut le premier à mentionner la présence du renard. On présume que l'espèce parvint aux Îles en hiver, grâce aux glaces couvrant le golfe du Saint-Laurent.

Le Coyote

Plus récemment, quelques coyotes ont été entrevus aux Îles, surtout en forêt, mais aussi en milieu dunaire, où l'animal se nourrit de charognes, d'oiseaux, de rongeurs et même de renards. Son pelage est gris, crème, roux ou un mélange des trois. Peut-être l'entendrez-vous hurler à la tombée de la nuit ? On présume que l'animal serait parvenu aux Îles par les glaces, comme son cousin le renard. Le coyote chasse généralement seul ou en couple et, rassurez-vous, il a peur des humains.

Histoires de sable

Sable blond, sable noir : un mariage exceptionnel !

La majeure partie du sable de l'archipel provient de la dernière période glaciaire, terminée depuis 10 000 ans, alors que le mouvement des immenses glaciers recouvrant le nord du continent érodait le bouclier canadien. Aujourd'hui, l'unique apport en sable provient de l'érosion des falaises de **grès rouge** entourant les Îles. Ce dernier est en effet composé à 99 % de grains de quartz, vestiges d'un ancien désert, cimentés par une pellicule d'oxyde de fer qui leur confère cette couleur rouge si particulière. Comme ce type de grès est très friable, des fragments de falaises détachés par l'action des vagues, du vent et des cycles gel et dégel tombent régulièrement à la mer. Une fois à l'eau, les grains de quartz sont lavés de leur pellicule d'oxyde de fer, se désassemblent et retrouvent une **couleur blonde**. Le fer oxydé, quant à lui, subit un lavage, et redevient de la magnétite (minéral d'oxyde de fer), communément appelée **sable noir**. Comme il est plus lourd que le sable blond et donc moins facilement déplacé par le vent, on en verra surtout sur la plage, au bord de l'eau.

> Comme le sable noir est constitué de fer, un simple aimant à la plage peut être une source de jeux inépuisable pour les petits… et les grands !

Le chant des dunes

Vous est-il arrivé, lors d'une ballade sur la plage, d'entendre siffler le sable sous vos pieds ? Vous êtes-vous demandé alors d'où venait ce son ?

Le *chant des dunes*, ainsi nommé par les scientifiques, n'est pas propre aux îles de la Madeleine. Plusieurs dunes chantantes ont été enregistrées dans le monde, notamment en Chine et dans le désert du Sahara.

Diverses équipes de recherche ont tenté d'expliquer ce phénomène. Dans la plupart des théories, il semble que certaines propriétés du sable soient à l'origine de ce chant. Il importe notamment que les grains soient complètement secs, de taille semblable et arrondis, une qualité attribuable à leur usure. Ces propriétés minimisent les contacts entre les grains et favorisent une organisation en couches superposées qui, lorsque frottées les unes contre les autres par l'action de nos pas, émettraient des ondes sonores semblables à un *couic couic* ! Quoi qu'il en soit, il est toujours fascinant d'entendre la mélodie que siffle le sable lorsque nos pieds s'y frottent…

Le bois de dune

Autrefois, des bateaux naviguant dans le golfe transportaient de grandes cargaisons de bois sur leur pont. Dans une mer houleuse, il arrivait que des billots passent par-dessus bord et dérivent jusqu'aux plages de l'archipel. Il arrivait parfois que les hauts-fonds autour des Îles causent l'échouement de cargaisons complètes. Par la suite, certains Madelinots se rendaient sur les plages pour récolter le bois échoué, ils le mettaient en ballot, et le tiraient avec un cheval jusqu'à chez eux, où ils l'empilaient à l'extérieur. Après l'avoir lavé du sel qu'il contenait et *désemborvé* - ou séché - on l'utilisait pour chauffer le four et les demeures. Certains pêcheurs de homard taillaient aussi des bouées à partir de ce bois pour identifier leurs casiers en mer.

Aujourd'hui, bien que l'installation de phares et le transport par camion aient fait diminuer la quantité de bois échoué, des souches d'arbres et des débris de casiers à homard jonchent encore les plages. L'usage que l'on en fait varie au gré de l'imagination. On les transforme parfois en objet d'art ou en souvenir d'une ballade sur la plage...

Les orteils dans le sable !

Activités récréatives en milieu dunaire

Les 300 km de plages de l'archipel offrent un choix infini de sites pour pratiquer des activités récréatives. Côté mer ou côté lagune, vous trouverez l'endroit parfait pour vous divertir.

Les randonneurs pourront explorer les plages, à la recherche de trésors de mer, ou bien les lagunes, pour découvrir un écosystème bien différent. Ils auront peut-être la chance d'apercevoir des phoques des colonies résidentes de la plage de la Grande Échouerie ou de l'île Boudreau. Sur le chemin de la plage, dans l'arrière-dune, les gourmands profiteront des talles de petits fruits pour remplir leur panier. Fraises, bleuets et canneberges adorent le milieu dunaire.

Les ornithologues - professionnels ou amateurs - jumelles au cou, aux aguets, sillonneront les plages à l'affût d'espèces aviaires rares. Ils observeront le ballet joyeux des oiseaux marins cherchant leur pitance dans les vagues. À l'automne, ils épieront les oiseaux migrateurs se nourrissant sur le rivage et sur les platiers.

Les sportifs pourront profiter des étendues de sable dur pour rouler, cheveux au vent, en char à voile ou en buggy tracté par un cerf-volant.

Qu'est-ce qu'un platier ?

Il s'agit d'une longue étendue de sable, généralement plate, couverte à marée haute et découverte à marée basse. Le mot désigne aussi un haut-fond de sable, situé derrière la ligne du rivage.

Un platier bien populaire !

Le platier de Fatima (ou le Grand Plaquier) est un symbole fort de la richesse biologique des Îles. Il est propice à la pratique de nombreuses activités récréatives et il offre un milieu de vie à de nombreuses espèces d'animaux et de plantes. Près de 50 000 oiseaux de rivage en migration s'y rendent chaque année, dont deux espèces désignées en voie de disparition : le Bécasseau maubèche *rufa* et le Pluvier siffleur. Une petite colonie de phoques s'y établit également. Ouvrez grand vos yeux... la vie y grouille !

Ces activités peuvent se faire en harmonie avec la nature. Aussi est-il préférable :

- d'utiliser les stationnements et les sentiers identifiés ;
- de penser à préparer son équipement sur la plage plutôt que sur la végétation ;
- de conserver une distance minimale de 50 mètres avec les haltes migratoires et les lieux de nidification ou d'alimentation des oiseaux ;
- de garder son chien en laisse ;
- d'éviter de laisser des traces de son passage (rapporter les déchets, etc.) ;
- de privilégier les déplacements à pied. C'est bon pour les milieux naturels et pour le cœur !

En voiture sur la dune

Quelques personnes en pause lors de la traversée, sur la plage de la dune de l'Ouest

 Avant la fin des travaux de la jetée et de la route 199 reliant l'île du Havre Aubert à l'île du Cap aux Meules (île centrale) en 1958, on utilisait la plage de la Dune de l'Ouest pour circuler entre les deux. Les conducteurs s'y aventurant devaient bien connaître la mer afin d'éviter la marée haute, qui rendait bien périlleuse la traversée du goulet, voie d'écoulement entre la lagune et la mer.

La baie du Havre aux Basques, une ancienne lagune

Pour construire la route reliant l'île centrale à l'île du Havre Aubert, les deux voies d'écoulement (goulets) du Havre-aux-Basques situées à l'est ont été obstruées artificiellement. Aujourd'hui, les échanges avec le milieu marin sont rares et dépendent d'un ou deux goulets qui ne se forment que sporadiquement à l'ouest. Au fil du temps, les conditions se sont transformées : les apports en eau douce sont plus importants et l'eau peut atteindre 25°C en été.

La circulation motorisée en milieu dunaire

Aujourd'hui, **la circulation motorisée** sur les plages est soumise à une réglementation, et elle **est interdite** en période estivale, soit en période de forte fréquentation par le public et en période de nidification des oiseaux de rivage.

Quant à la circulation motorisée à l'intérieur des dunes, considérant les dommages sévères qu'elle engendre sur cet écosystème fragile et fort utile, elle n'est permise qu'à l'intérieur des sentiers officiellement reconnus et balisés à cette fin. Nombreux sont les adeptes des véhicules hors route qui préfèrent malgré tout ignorer la réglementation en utilisant les dunes comme lieu de divertissement. Cette activité est en grande partie responsable de l'accélération de l'érosion dunaire. Pour plus d'informations sur la réglementation en vigueur, s'adresser à la Municipalité des Îles-de-la-Madeleine.

Activité nature : Observation d'oiseaux

En collaboration avec Alain Richard, biologiste et ornithologue passionné

Nul besoin d'être ornithologue pour admirer les oiseaux. Aux Îles, ils sont partout, et toutes les occasions sont bonnes pour leur accorder une attention particulière.

Ces quelques informations vous aideront à en apprendre davantage et, qui sait, vous donneront peut-être envie d'acquérir une bonne paire de jumelles...

Quoi apporter ?

Livre d'identification des oiseaux, jumelles ou lunette d'approche, crayon, carnet de note, chasse-moustique, appareil photo. Si vous n'avez rien de tout cela, les oiseaux y seront tout de même, alors ouvrez surtout grand vos yeux et vos oreilles !

Quand aller observer ?

Pendant toute l'année, mais plus grande diversité d'espèces lors des migrations vers le sud à l'automne, et vers le nord au printemps.

Meilleurs moments de la journée : tôt le matin (du lever du soleil jusqu'à environ 10 h) et en fin d'après-midi, avant le coucher du soleil.

Sites coups de cœur

Une marche dans ces lieux magnifiques offre aussi une excellente occasion de se détendre et de garder la forme !

:: Sandy Hook (côté baie de Plaisance, île du Havre Aubert) : oiseaux de rivage, oiseaux marins (il faudra peut-être marcher jusqu'à la pointe du Bout du Banc pour les apercevoir en grand nombre... environ 3 h aller-retour).

:: Baie du Portage (chemin des Bouchard, île du Havre Aubert) : sauvagine au printemps, passereaux.

:: Havre-aux-Basques (le long de la route 199 longeant la baie du Havre aux Basques) : sauvagine et oiseaux de rivage.

:: Platier de Fatima (Dune du Nord, île du Cap aux Meules) : oiseaux marins et de rivage, meilleur endroit pour observer le Pluvier siffleur et le Bécasseau maubèche.

:: Zone d'interdiction de chasse (ZIC) du Portage (île de Grosse Île) : oiseaux de rivage, sauvagine, aigrettes à l'occasion.

:: Île Brion : mythique, la réserve écologique de l'île Brion héberge plusieurs colonies d'oiseaux marins telles que les Mouettes tridactyles, les Guillemots marmettes et les cormorans. C'est l'endroit de prédilection pour observer le coloré Macareux moine.

:: Pointe de Old-Harry (île de la Grande Entrée) : oiseaux marins.

Espèces coups de cœur

Canard pilet : Des centaines d'individus fréquentent l'étang de la Martinique du printemps à l'automne.

Faucon émerillon : Petit faucon très rapide et très agile qui vole souvent au ras du sol pour chasser des petits oiseaux et des insectes. Niche en forêt, mais chasse en terrain ouvert (dunes, champs).

Fou de Bassan : C'est un spectacle inoubliable que d'observer par centaines ces oiseaux plonger en piqué, les ailes à demi repliées, tels des missiles dirigés sur les bancs de harengs. À voir un peu partout autour des Îles selon la présence des bancs de poissons. Niche au refuge des rochers aux Oiseaux.

Guillemot à miroir : Au printemps, au pied des escarpements rocheux souvent encore encombrés de glaces, s'animent de petites colonies de Guillemots à miroir. En parade nuptiale, leur sifflement doux et mélodieux redonne vie aux falaises.

Harfang des neiges : Emblème aviaire du Québec pour son majestueux plumage blanc et son regard mystique. On l'observe surtout à la fin de l'automne, en hiver et au début du printemps, près de la route 199 à Pointe-aux-Loups et dans le secteur du Havre-aux-Basques.

Sterne pierregarin : À voir pour la grâce dont ces sternes font preuve lorsqu'elles se pavanent et s'échangent de petits poissons lors de la parade nuptiale ! Pour les observer : plusieurs îlots de l'archipel accueillent des colonies de Sternes pierregarin, mais l'île Paquet est sans doute le meilleur endroit pour les observer. Se stationner à la marina de Havre-aux-Maisons.

Conseils pratiques

Une observation attentive et discrète vous permettra de découvrir d'étonnantes facettes du comportement et des activités de l'oiseau. Est-il en train de nicher, de s'alimenter, de séduire sa compagne ou même de tenter de vous faire fuir ?

Le silence et le maintien d'une bonne distance entre vous et les oiseaux permettent non seulement de passer des moments privilégiés mais aussi d'éviter de troubler les oiseaux dans des activités souvent essentielles à leur survie. Par exemple, un oiseau de falaise qui quitte soudainement le nid sous la menace d'un danger risque d'en faire tomber son ou ses œufs, en plus de les exposer à la prédation. Pendant son absence, les œufs refroidissent, ce qui peut réduire les chances d'éclosion et de survie des jeunes.

Bien que les gens soient généralement accueillants, il est souhaitable de demander la permission avant de pénétrer sur une propriété privée.

Pour en savoir plus sur les principaux oiseaux des milieux marin et dunaire des Îles, voyez notre cahier spécial à la page 64 ou contactez le Club d'ornithologie des îles de la Madeleine.

Collaboration :

Alain Richard travaille à titre de biologiste pour Attention FragÎles depuis près de 15 ans. Il consacre ses étés à la protection d'oiseaux en péril aux Îles-de-la-Madeleine. Également photographe, dessinateur et graphiste, il met ses talents artistiques au service de l'environnement.

Activité nature : Cueillette de petits fruits sauvages

En collaboration avec Rose-Anna Leblanc, cueilleuse insatiable depuis plus de 60 ans

« Ah ! Les fraises et les framboises… »

Pendant la belle saison, les milieux naturels des Îles abondent en fruits sauvages aux saveurs exquises. La cueillette de petits fruits est une activité fort appréciée aux Îles. Les adeptes peuvent passer des heures accroupis, simplement pour le plaisir de cueillir ces petits délices ! Accessible à tous, la cueillette de petits fruits ne requiert qu'un contenant et un soupçon de patience…

Fruits à cueillir

Fraises : Presque autant attendue que l'arrivée des premiers homards en mai, l'apparition des premières fraises des champs procure un grand bonheur aux amoureux de la cueillette. Objectif : trouver la *bouillée* qui permettra de remplir son contenant. Dès juillet.

Bleuets et framboises : Les bleuets des Îles ne rivalisent pas en grosseur avec ceux du Lac Saint-Jean, mais leur goût sucré est fort apprécié. Les framboises sauvages sont également exquises, et n'ont rien à envier aux framboises de culture ! En août.

Autres fruits d'été : Sans les trouver en grande quantité, on peut cueillir des mûres, des catherinettes, des plaquebières, des cerises sauvages, des noisettes, des pimbinas (fruits de la viorne trilobée), des petites poires (fruits de l'amélanchier), des gadelles (sorte de groseilles), des groseilles sauvages et quelques autres, tels que les fruits de la Camarine noire et de l'églantier (rosier sauvage), les baies de genévrier, etc. Au cours de l'été.

Canneberges et *berries* : Dès septembre, on voit apparaître les pommes de pré (canneberges) et les *berries* (fruits des Airelles vigne d'Ida), plus petites que les canneberges. Ce n'est qu'en octobre que ces fruits deviendront mûrs à point. Ils seront alors d'un rouge écarlate, très vif.

Saviez-vous que

le véritable cueilleur de petits fruits se reconnaît à sa grande tolérance aux piqûres de moustiques et à son insensibilité temporaire à ses douleurs articulaires ?

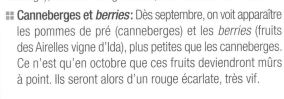

La pomme de pré

La canneberge, communément appelée « pomme de pré » ou « graine » aux Îles, atteint sa maturité vers la mi-octobre. Elle est alors de meilleure qualité et plus facile à cueillir. Vous la trouverez en assez grande quantité dans les milieux humides, surtout à proximité des dunes de sable.

Les Amérindiens raffolaient de ce fruit qu'ils appelaient « atoca ». Ils l'utilisaient également comme cataplasme pour soigner les blessures, et ils s'en servaient pour faire de la teinture pour les vêtements.

Les vertus thérapeutiques et nutritives de la canneberge sont également nombreuses. Réputée pour son action préventive contre les infections urinaires, elle contient aussi des antioxydants (réduction des maladies chroniques), et renferme un taux élevé de potassium et de vitamine C.

Où trouver les petits fruits ?

Les lieux de cueillette sont nombreux... Il suffit d'ouvrir l'œil, et dès que vous voyez des gens accroupis dans un champ, il y a de fortes chances que ce soit pour y cueillir quelque chose de bon !

Si les terres publiques sont accessibles à tous, il demeure préférable de demander l'autorisation avant de pénétrer sur un terrain privé. Afin de préserver les ressources et leur milieu de vie, il est recommandé de cueillir les baies à la main.

Que faire avec votre récolte ?

Si vous résistez à l'envie de manger tous les fruits pendant la récolte, les possibilités culinaires abondent : tartes, confitures, gâteaux, pouding, sirop, jus, tisane, gelée, assaisonnement, vin et bagosse feront la joie de vos papilles !

Bon pour le corps et l'esprit

Les petits fruits sont aujourd'hui reconnus comme de puissants ennemis du cancer. Plusieurs études ont en effet démontré qu'ils possèdent des molécules contribuant à diminuer les risques de développer plusieurs types de tumeurs. Les framboises, les bleuets et les canneberges sont parmi les aliments vedettes dans ce domaine.

Voyez aussi notre cahier spécial sur les principales algues et plantes des milieux marin et dunaire des Îles, à la page 95, pour connaître les vertus particulières de ces petits fruits !

Bonne cueillette et bon appétit !

Collaboration :

À 73 ans, Rose-Anna Leblanc est toujours une amoureuse des petits fruits, particulièrement de la cueillette de ceux-ci. Elle savoure ce moment de plénitude qu'elle saisit aussi souvent qu'elle le peut. Ses récoltes, elle les partage avec ceux qu'elle aime, ce qui lui rapporte, assurément, une multitude de petits becs sucrés.

Activité nature :
Découverte des plages et de leurs trésors

En collaboration avec Lucie d'Amours, biologiste, enseignante au Cégep de la Gaspésie et des Îles

Près de 300 km de plages dorées à explorer, parsemées de coquillages, de cailloux, d'algues de toutes les formes et de toutes les couleurs et parfois d'épaves. Nous vous proposons de faire un survol des principales plages et de leurs particularités, puis de découvrir quelques-uns des «trésors» dont ces plages regorgent.

Quelle plage est la plus belle ? (Voir carte des Îles)

Aux Îles, peu importe la parcelle de sable où l'on se trouve, le charme des plages opère. Chacune étant unique, il n'en tient qu'à vous de découvrir votre plage coup de cœur ! Marcher au bord de l'eau, creuser pour faire des piscines et des châteaux, s'étendre à même le sable chaud, observer le comportement des insectes et des oiseaux. Mille et une façons de découvrir ce monde… Articles de baignade, nourriture et eau, sac à déchets, jouets, livre, crème solaire jusqu'au bout des oreilles et hop ! Vous êtes prêt pour une ballade ou une journée en famille à la plage.

> Sur la plage, les déchets menacent la santé de nombreux animaux marins, et attirent des prédateurs qui peuvent nuire à la survie des oisillons.

Île du Havre Aubert

Une marche sur la **plage du Havre** (ou Sandy Hook) jusqu'au **Bout du Banc**, avec une vue imprenable sur l'île d'Entrée, vous fera vivre un moment d'infini (prévoyez au moins 3 heures aller-retour). Cette plage accueille le concours annuel des châteaux de sable.

Pour observer de magnifiques couchers de soleil, rendez-vous à la **plage de l'Ouest** à l'Étang-des-Caps. Il n'est pas rare de voir des gens s'y baigner jusqu'à la brunante.

Île du Cap aux Meules

La **plage de l'Ouest** est également accessible par la *plage du Corfu* où l'on aperçoit les vestiges du naufrage du navire Corfu Island. Les couchers de soleil y sont aussi mémorables !

La **plage de la Martinique** est très fréquentée des familles et des randonneurs. Les marées y laissent de nombreux trésors, dont des dollars des sables.

Abritées en partie par les falaises, les plages situées à **Gros-Cap** sont appréciées pour leurs paysages et les étoiles de mer que l'on peut y trouver. Pour les sportifs, la plage située derrière l'édifice de la Sûreté du Québec est à deux coups de pédale de la piste cyclable.

> Lors d'une baignade, si le courant semble fort, il est recommandé de rester près du bord. Veillez à ce que l'eau ne dépasse pas les cuisses. Si un courant vous entraîne au large, ne paniquez pas et nagez parallèlement au rivage jusqu'à ce que vous sortiez de ce courant, habituellement très localisé. Attention aux courants marins qui sont plus forts aux extrémités des Îles!

Bien appréciée, la **plage de la Dune du Nord** offre de belles vagues, mais est aussi connue pour ses courants occasionnellement forts.

Île du Havre aux Maisons

La plage de la **Pointe-Basse** (chemin du Quai) est appréciée pour ses faibles courants et son eau habituellement plus chaude.

L'Échouerie (au bas de la butte Ronde), avec ses magnifiques falaises composées de grès gris-vert, d'albâtre, d'argile et de nombreux fossiles, émerveille les paléontologues et les géologues amateurs. On y trouve beaucoup de roches, peu de sable, et l'accès peut être difficile.

La **plage de la Dune du Sud**, avec ses falaises de grès rouge, fournit un abri propice à la lecture et au pique-nique. Appréciée des familles, on y trouve un stationnement, des toilettes, un téléphone et, à marée basse, de petits bassins d'eau idéals pour les enfants. L'eau y est plus froide, et le sable est tapé. Il est agréable d'y faire des randonnées.

Îles de la Pointe aux Loups, de Grosse Île et de la Grande Entrée

On dit que l'eau des majestueuses **plages de la Pointe-aux-Loups, de la pointe de l'Est** et **de la Grande Échouerie** est parmi les plus chaudes. Une randonnée de Old Harry jusqu'au bout de la pointe de l'Est enchantera les marcheurs (prévoir 5 heures aller-retour).

La **plage du Bassin Ouest** permet d'accéder à l'île Boudreau et à son sentier qui offre de superbes paysages.

Question de sécurité et d'harmonie !

:: Les passerelles et les sentiers existants permettent de se rendre sur la plage sans piétiner les plantes, évitant ainsi de fragiliser la dune.

:: Fort appréciées des enfants, l'escalade d'une falaise et la descente d'une dune sur les fesses sont toutefois risquées pour eux et dommageables pour ces milieux bien fragiles.

:: Une réglementation municipale précise de garder les chiens en laisse. Ce faisant, les risques d'indisposer certaines personnes ainsi que les oiseaux sont réduits.

:: Vous apercevrez parfois des installations qu'il est important de respecter. Sur les plages, les périmètres installés autour des nids d'oiseaux contribuent à la réhabilitation de certaines espèces en péril, et les clôtures de captage de sable permettent de restaurer des sites endommagés.

Trésors de plage

Les trésors marins ne sont pas toujours des objets cachés ou enfouis par des pirates ! Voici ceux que nous vous invitons à découvrir…

Les coquillages

Les coquillages sont formés par des animaux marins afin de protéger leur corps mou. À leur mort, les coquilles vides arrivent sur les plages, au gré des courants et des vagues.

Acmée à écaille de tortue, appelée *patelle* ou *chapeau chinois*

Cet animal s'établit sur les rochers où il creuse une cavité de sa taille, s'y fixant avec son pied qu'il utilise comme une ventouse. L'acmée se nourrit la nuit, alors qu'elle part brouter les algues sur les rochers. L'empreinte chimique qu'elle laisse lui permet de retrouver son chemin.

Buccin commun, appelé *bourgot*

Pour consommer des mollusques, il force leur ouverture en insérant un bout de sa coquille. Il se nourrit également de restes d'animaux, d'où sa réputation de nettoyeur hors pair. Le Bernard-l'hermite apprécie les coquilles vides du buccin qu'il utilise comme abri.

Œufs de buccin

Ces capsules sont pondues par la femelle buccin. Chacune contient des milliers d'œufs. Les quelques dizaines d'individus qui parviennent à maturité se nourrissent d'embryons avortés.

Couteau droit, appelé *couteau de mer*
De forme unique, il est l'un des rares mollusques capables de se déplacer très rapidement. En un éclair, il s'enfouit profondément dans le sable.

Crépidule commune de l'Atlantique
Les crépidules s'empilent en colonnes, les plus jeunes étant en haut. Chaque individu change de sexe au cours de sa vie. À la mort d'une femelle, positionnée au bas de la colonne, le mâle situé au-dessus devient femelle. Elle pourra alors être fécondée par un mâle.

Littorine commune, appelée *bigorneau* ou *borlicoco*
La littorine broute les algues qui tapissent les rochers. Elle constitue un mets prisé en Gaspésie où on la cueille à marée basse.

Lunatie ou **Natice de l'Atlantique**
Pour se nourrir, elle utilise sa langue munie de dents, dotée de substances chimiques qui dissolvent le calcaire pour percer un trou bien rond dans la coquille de ses proies. Elle y insère ensuite une partie de son tube digestif, et consomme leur chair. Ce travail dure des heures. Dérangée, elle pénètre complètement dans sa coquille et protège l'ouverture avec une plaque calcaire appelée opercule. Les individus portent les deux sexes mais doivent trouver un partenaire pour se féconder mutuellement.

Collier d'œufs de lunatie
La femelle sécrète un mucus qui agglutine ses œufs au sable, formant un collier de ponte flexible et discret. En portant le collier à la lumière, on peut observer les nombreux œufs minuscules. Bien que la ponte s'effectue sur les fonds marins, certains colliers s'échouent sur la plage, surtout au printemps.

Mactre de l'Atlantique, appelée *palourde*
Pour sa chair délicieuse, elle fait l'objet d'une pêche commerciale et artisanale qui se pratique sur les *platiers*, des haut-fonds sablonneux.

Le record de longévité animale est détenu par une espèce de palourde. Pêchée au large de l'Islande, elle était âgée de 410 ans.

Moule bleue et Balane commune

La Moule bleue filtre plus de 20 litres d'eau par jour pour s'alimenter et respirer. Pour neutraliser les particules irritantes qui pénètrent dans sa coquille, la moule les entoure de plusieurs couches de nacre, produisant des perles. Les perles sont généralement absentes des moules cultivées.

La balane est un crustacé qui se fixe par la tête, notamment sur la moule, et s'entoure de plaques calcaires. Lorsqu'elle est submergée, elle utilise des cires filtrantes au bout de ses pattes pour capturer des proies. Les individus portent les deux sexes. Pour se reproduire, ils explorent l'entourage avec leur long pénis, car ils ne peuvent s'autoféconder.

Nassaire à trois bandes
Ce petit gastéropode se nourrit de cadavres et de mollusques dont il perce la coquille.

Œuf de raie
Les longues pointes recourbées de l'œuf de raie lui permettent de s'accrocher aux algues, évitant l'échouement avant l'éclosion.

Oursin plat, appelé *dollar des sables* ou *fleur de sable*
Vivant, il est couvert de courtes épines et de cils qui acheminent la nourriture à sa bouche, située en-dessous. À sa mort, les épines tombent et laissent paraître sur son dos une fleur correspondant à l'emplacement des branchies. En le brisant, on peut observer ses cinq dents, ressemblant curieusement à des colombes.

Oursin vert

Sur son enveloppe corporelle, chaque bosse correspond au support où se trouvait une épine, et chaque trou correspond à l'emplacement d'un pied. Cinq dents composent sa mâchoire, nommée *lanterne d'Aristote*, avec laquelle l'oursin peut transpercer une carapace de crabe. Au Québec, il fait l'objet d'une pêche commerciale pour la consommation de ses gonades (organes sexuels), dégustées crues ou rôties.

Pétoncle géant

Le contour de ses coquilles est muni de nombreux yeux. Pour se déplacer, le pétoncle claque rapidement ses valves. Ce mouvement éjecte de l'eau, permettant une propulsion sur quelques mètres. Sa couleur foncée le dissimule bien sur les fonds marins. L'espèce fait l'objet d'une pêche commerciale, notamment pour son gros muscle abducteur et ses organes sexuels, appelés *corail*.

Collaboration :

Lucie d'Amours est une biologiste reconnue dans son milieu et ailleurs au Québec, notamment au Cégep de la Gaspésie et des Îles où elle enseigne depuis plus de 25 ans. Elle possède une connaissance approfondie des milieux naturels des Îles, ce qui lui a valu de participer à de nombreux projets d'envergure en environnement. Oratrice captivante, bénévole engagée, randonneuse et interprète chevronnée, quiconque croise son chemin s'en trouve enrichi.

Les changements climatiques

En collaboration avec le Centre de recherche sur les milieux insulaires et maritimes (CERMIM), affilié à l'Université du Québec à Rimouski

Les changements climatiques sont une variation des conditions météorologiques moyennes dans une région. S'ils se produisent à l'échelle mondiale, c'est le climat de la planète qui varie. Cela se traduit par des changements des éléments météorologiques : température, vents, précipitations et tempêtes.

Bien qu'il s'agisse d'un phénomène naturel, les changements que nous connaissons aujourd'hui diffèrent par leur rapidité et leur ampleur. L'utilisation des combustibles fossiles (pétrole, gaz naturel, charbon, etc.) comme sources d'énergie contribue, entre autres, à introduire dans l'atmosphère des gaz à effet de serre (GES), accentuant ainsi l'effet de serre lui-même.

La température à la surface de la Terre est régie par un phénomène appelé « effet de serre ». Ce **phénomène atmosphérique naturel** permet le maintien de la vie à la surface de notre planète. La terre absorbe une partie des rayons du soleil alors qu'une autre est réémise vers l'espace sous forme de lumière réfléchie (albédo) et de chaleur. Les GES, naturellement présents dans l'atmosphère, interceptent et emprisonnent une bonne partie de la chaleur rayonnée par la surface de la terre, et ils permettent ainsi de maintenir la température de l'atmosphère à un niveau compatible avec la vie sur la planète. Toutefois, l'augmentation de la concentration des GES causée par un certain nombre d'activités humaines provoque un déséquilibre dans ce système naturel, et induit une hausse de la température moyenne terrestre. Cette hausse de température génère des changements climatiques.

> La température moyenne de la planète est d'environ 15°C. Sans les GES, cette température moyenne chuterait à -18°C. Puis, la glace s'étendant sur la surface du globe, l'albédo terrestre augmenterait et la température finirait par se stabiliser à environ -100°C.

Les impacts prévus dans le golfe du Saint-Laurent

Selon des données de stations météorologiques situées dans le golfe du Saint-Laurent, au cours du 20e siècle, la température moyenne annuelle de ce secteur a augmenté de **0,9°C** alors qu'en hiver, elle a augmenté de **1,6°C**.

On commence déjà à observer les effets de cette hausse globale des températures dans le golfe du Saint-Laurent, et l'on anticipe également d'autres effets pour le futur, ainsi est-il question :

- d'une **diminution de la période d'englacement de la surface de la mer** ;
- d'une **augmentation de l'activité cyclonique** (fréquence et intensité des tempêtes) ;
- d'une **augmentation probable du taux d'érosion** pour l'ensemble du golfe, causée par divers facteurs climatiques : cycles de gel et de dégel, redoux hivernaux, vents, vagues, absence de couverture glaciaire sur la mer et précipitations (pluie et neige). L'élévation du niveau de la mer engendrée par la fonte progressive des glaciers des régions polaires et subpolaires aura pour effet secondaire d'accentuer l'érosion côtière ;
- d'une **adaptation probable de certaines espèces** (déplacement, évolution) et de la **disparition d'autres espèces** ;
- de **changements progressifs au niveau des écosystèmes** marins en raison du déplacement des frontières biogéographiques de certaines espèces et de l'apparition d'espèces exotiques.

La situation aux Îles et les solutions mises en place

Puisque les glaces hivernales protègent les Îles de l'**érosion**, la diminution de leur étendue et de leur temps de présence, combinée à une hausse de la

> La réglementation municipale impose désormais une distance minimale de 100 pieds entre toute nouvelle construction et les falaises.

fréquence et de l'intensité des tempêtes, risque d'accélérer l'érosion des berges, des falaises et des dunes. En considérant que les falaises sont grugées en moyenne de 40 à 60 cm par an, on peut imaginer que, si la cadence s'accélère, un certain nombre de constructions devront être relocalisées vers des lieux plus sécuritaires. Notons que cela s'est déjà produit au cours des dernières années.

De la même manière, les dunes, moins protégées l'hiver et davantage affectées par les tempêtes l'automne, protégeront de moins en moins efficacement les nappes d'eau souterraines de l'eau saline de la mer. De plus, l'élévation du niveau de la mer, combinée à l'augmentation de la fréquence des tempêtes, risque de causer plus souvent l'inondation de certaines infrastructures routières.

Selon le Consortium Ouranos, spécialisé dans l'évaluation des impacts régionaux des changements climatiques et dans l'élaboration de stratégies d'adaptation, le scénario le plus probable pour les îles de la Madeleine prévoit que **d'ici 2050, le recul du trait de côte sera de 80 m en moyenne pour les côtes basses sablonneuses, et de 38 m pour les falaises rocheuses.**

Des interventions visant à réduire ou à contrer l'impact de l'érosion sur le territoire des Îles-de-la-Madeleine, sont en cours d'élaboration. À ce sujet, il est important de souligner qu'il n'existe pas de solution unique, mais qu'un ensemble de stratégies doit être considéré en fonction de la spécificité des différents secteurs. À titre d'exemple, on peut mentionner la **recharge des côtes en sable**, afin de préserver l'intégrité des systèmes dunaires, tout en permettant de sauvegarder leur valeur paysagère. Dans certains cas, cette méthode pourrait constituer une alternative à l'**enrochement** du littoral. Une telle opération est parfois nécessaire pour la protection d'infrastructures routières par exemple, mais elle risque d'aggraver l'érosion côtière.

Dans les dunes, on utilise déjà des **capteurs de sable** (amas de broussailles ou clôtures), placés stratégiquement pour la réhabilitation de brèches. Ces structures favorisent le captage et l'accumulation de sable. On procède aussi à des transplants d'**Ammophile à ligule courte** pour stabiliser la zone touchée et faciliter la poursuite du processus naturel de rétablissement dunaire.

Des petites actions individuelles peuvent être préconisées afin de limiter la production de GES : covoiturage, arrêt du moteur dans les stationnements, réduction de la consommation de biens non indispensables, économie des ressources en eau et en énergie…

Collaboration :

Le CERMIM a pour mission de promouvoir le développement durable des milieux insulaires et maritimes par le biais d'activités de recherche, de formation et de liaison et transfert. Cette dernière fonction est importante car le CERMIM joue le rôle d'intermédiaire entre la communauté scientifique et les instances de gouvernance locales ou régionales. Le transfert de connaissances qui s'ensuit contribue à assurer une prise de décision éclairée.

Le naufrage du *Irving Whale*
Sacs de résidus d'hydrocarbures enfouis dans les dunes

En 1970, la barge *Irving Whale* sombrait à 100 km au large des îles de la Madeleine. Il s'ensuivit le déversement du mazout (type Bunker C) qu'il transportait. Ce mazout, contaminé par des BPC, dériva jusque sur les côtes de l'archipel, souillant 80 km de plages. L'opération de nettoyage dura trois mois. Les résidus d'hydrocarbures et le sable souillé furent mis dans des sacs qui, pour la majorité d'entre eux, furent ensuite enterrés dans les dunes des Îles.

Aujourd'hui, il est difficile de se remémorer avec précision les nombreux emplacements où les sacs furent enfouis, et nul ne connaît leur nombre exact, estimé entre 100 000 et 200 000.

Depuis, chaque année, l'érosion dunaire causée par le vent des tempêtes et les assauts de la mer, désensable des sacs. Une stratégie d'intervention coordonnée par la Garde côtière canadienne a été mise en place pour les récupérer, dès leur signalement. Depuis 1996, plus de 6 500 d'entre eux ont été récupérés et traités à l'extérieur des Îles. Dans plusieurs cas, des travaux de reconstitution du site ont dû être réalisés pour protéger la dune. La restauration consiste principalement à recréer le profil de la dune, à poser des capteurs de sable et à planter de l'Ammophile à ligule courte pour stabiliser le sol.

La récupération systématique de l'ensemble des sacs enfouis est l'un des scénarios envisagés. Cependant, une telle opération présente plusieurs défis de taille, notamment la localisation précise des sacs et l'anticipation de l'impact d'une telle mesure sur le milieu dunaire.

Un comité de travail sur les hydrocarbures, réunissant une vingtaine d'organismes socio-économiques et environnementaux du milieu, veille à s'assurer que les instances concernées prendront les meilleures mesures dans ce dossier fort complexe et ce, en concertation avec la population locale.

Signalement (Dune de l'Ouest 2006)

Récupération (Dune de l'Ouest 2006)

Restauration (Dune de l'Ouest 2003)

Les espèces en péril

En collaboration avec la Société de conservation des Îles-de-la-Madeleine

Saviez-vous que les îles de la Madeleine abritent plus de 24 espèces d'oiseaux et de plantes désignées en péril, et que ses milieux marins accueillent une quinzaine de poissons, de mammifères marins et de reptiles dont la survie est menacée?

Que veut dire « en péril » ?

Une espèce en péril désigne une espèce sauvage qui risque de disparaître complètement du pays ou de la Terre si rien n'est fait pour rétablir la situation. Au Canada, un comité d'experts, le COSEPAQ, évalue la situation des espèces sauvages, et les classifie selon leur niveau de précarité. Désigner une espèce en péril est le premier pas pour la protéger et mettre en œuvre des mesures de rétablissement.

Au Canada, on estime à plus de 500 le nombre d'espèces en péril.

Pourquoi des espèces disparaissent-elles ?

Depuis l'apparition de la vie sur la Terre, il y a plus de trois milliards d'années, des espèces apparaissent et d'autres disparaissent, souvent parce qu'elles sont incapables de s'adapter aux changements qui surviennent dans leur habitat. L'extinction des espèces est un phénomène naturel, mais très lent lorsqu'il suit le cours de l'évolution.

Toutefois, de nos jours, ce phénomène s'amplifie et s'accélère. Au Canada, comme ailleurs dans le monde, le déclin et la disparition d'espèces sont désormais jugés alarmants.

Divers facteurs en sont responsables, dont plusieurs sont liés aux activités humaines, à savoir : la diminution ou la disparition des habitats, la contamination de l'environnement, l'augmentation de la température causée par les changements climatiques, la présence d'espèces envahissantes et l'exploitation commerciale à grande échelle des ressources fauniques et halieutiques.

Espèces en péril	Milieux de vie				
	Dunaire	Forestier	Humide	Lagunaire	Marin
Plantes					
Aster du golfe Saint-Laurent	X		X		
Bident différent	X				
Corème de Conrad	X	X			
Dryoptère fougère-mâle		X			
Gaylussaquier nain variété de Bigelow			X		
Genévrier à gros fruits	X				
Halénie défléchie variété de Brenton			X		
Hudsonie tomenteuse	X				
Matteuccie fougère-à-l'autruche		X			
Utriculaire à scapes géminés			X		
Oiseaux					
Arlequin plongeur					X
Bécasseau maubèche *rufa*	X		X		
Bruant de Nelson			X		
Faucon pèlerin anatum	X		X		
Garrot d'Islande (rare)			X		
Grèbe esclavon			X		
Grive de Bicknell		X			
Hibou des marais			X		
Pluvier siffleur *melodus*	X				
Pygargue à tête blanche	X		X	X	
Quiscale rouilleux		X	X		
Râle jaune			X		
Sterne caspienne (rare)					X
Sterne de Dougall			X		X
Poissons, mammifères marins, reptiles					
Alose savoureuse			X	X	X
Anguille d'Amérique			X	X	X
Baleine noire de l'Atlantique Nord					X
Esturgeon noir			X	X	X
Loup à tête large					X
Loup atlantique					X
Loup tacheté					X
Morue franche					X
Rorqual bleu					X
Rorqual commun					X
Tortue luth					X

Pourquoi protéger les espèces en péril ?

Les plantes, les animaux et les microorganismes jouent un rôle essentiel dans l'équilibre de la vie sur la Terre ; leur disparition accélérée risque de modifier considérablement notre propre milieu de vie. Plusieurs raisons pratiques justifient que l'on agisse de concert pour les préserver :

- ils constituent une source de revenus pour des activités liées à la chasse ou à la pêche ;
- ils entrent dans la fabrication de plusieurs médicaments ;
- ils permettent de se nourrir, de s'abriter, de confectionner des vêtements ;
- ils constituent un attrait touristique (observation d'oiseaux, de baleines, etc.).

En résumé, ils sont essentiels à notre subsistance et à notre bien-être.

Comment contribuer à la survie des espèces en péril ?

Des gestes simples peuvent contribuer à améliorer considérablement la chance de survie des espèces en péril. On peut notamment :

- respecter les aires de repos, d'alimentation et de nidification des oiseaux ;
- s'informer de la présence d'espèces en péril avant de pratiquer une activité dans un milieu naturel ;
- éviter d'introduire des espèces exotiques envahissantes ;
- diminuer l'émission de gaz à effet de serre en réduisant sa consommation, en achetant localement, en vivant simplement, en pratiquant le covoiturage, en marchant au lieu de prendre son auto, etc.

Espèces en voie de disparition sur le platier de Fatima

Chaque été, le **Pluvier siffleur** vient pondre ses œufs et élever ses oisillons sur les plages des îles de la Madeleine. C'est son seul site de reproduction au Québec. Dès la fin mai, des périmètres de sécurité et des structures de métal sont installés autour des nids pour prévenir la prédation et les perturbations liées aux activités humaines. Lorsque les oisillons naissent, ils marchent continuellement pour se nourrir et ils deviennent alors très vulnérables.

Le **Bécasseau maubèche** de la sous-espèce *rufa* se reproduit dans l'Arctique canadien, et hiverne au sud de l'Argentine. Au cours de sa migration, il effectue une halte sur le platier de Fatima. La population mondiale actuelle est estimée à environ 18 000 individus. On évalue à environ 2 600 le nombre de Bécasseaux maubèche qui passent par le Québec pendant la migration automnale, et l'on estime que près de 40 % d'entre eux fréquentent l'archipel.

Autres espèces désignées en péril au Canada et/ou au Québec

Matteuccie fougère-à-l'autruche

Sterne de Dougall

Corème de Conrad

Bident différent

Hudsonie tomenteuse

Hibou des marais

Grèbe esclavon

Collaboration :

La Société de conservation des Îles-de-la-Madeleine (SCÎM) est un organisme à but non lucratif, créé en 1997, et qui a pour mission de :

- protéger des sites naturels abritant des espèces ou des espaces d'intérêt écologique, tels que des îlots, des milieux dunaires, forestiers, humides ou halieutiques, ainsi que des portions du littoral des îles de la Madeleine ;
- acquérir cesdites étendues de terrains en les achetant ou en les obtenant dans le cadre d'un don, d'un legs ou d'autres formes d'entente de conservation ;
- mener seule, ou avec des partenaires, des activités de recherche, de gestion, de réhabilitation, d'éducation ou d'interprétation sur ces terrains, et rendre ces activités accessibles au public ;
- veiller, seule ou avec des partenaires, au maintien ou au développement d'activités agricoles, forestières, récréotouristiques ou liées à la chasse et à la cueillette, lorsque celles-ci valorisent, sans la compromettre, la richesse du milieu naturel.

La SCÎM protège juridiquement plus de 133 hectares d'espaces madelinots, dont 96 hectares abritant diverses espèces à statut précaire.

Société de **conservation**
des **ÎLES-DE-LA-MADELEINE**

Ne manquez pas le bateau!

Quelques dates à retenir

Hiver

Observation des blanchons : Généralement durant tout le mois de mars, lorsque les glaces se forment près des côtes. Il est possible d'observer les blanchons du haut des falaises ou en s'aventurant sur les glaces à partir de la plage, en compagnie d'une personne expérimentée (vérifiez d'abord les vents ainsi que l'épaisseur et la stabilité de la glace). Pour éviter de perturber les animaux, il est toujours préférable de les observer à distance. À noter que durant toute l'année, des phoques communs et gris peuvent être aperçus aux abords des Îles.

Printemps

Baignade : Avec un habit isothermique complet (incluant chapeau, mitaines et bottines), vous pourrez vous amuser dans les vagues dès la fonte complète des glaces. Truc pour protéger votre peau de l'eau froide : enduisez votre visage et vos mains de vaseline (gelée de pétrole).

Pêche aux coques : Dès le dégel des plans d'eau intérieurs. Il est important de vérifier si le secteur que vous ciblez est recommandé par Pêches et Océans Canada (ligne Info-Mollusques : 418-986-3882).

Pêche au homard : Généralement du début mai jusqu'au début juillet. Ne manquez pas la frénésie de la mise à l'eau des cages le jour de l'ouverture de la pêche : une belle occasion d'encourager les pêcheurs et de saluer le lever du soleil !

Pêche au crabe : Vers la troisième semaine d'avril ou selon les conditions de glace.

Été

Baignade : De juin à octobre pour les plus courageux, alors que d'autres attendent que l'eau se soit réchauffée, vers la mi-juillet.

Observation des oiseaux migrateurs : Il est possible d'en observer durant toute l'année mais la période la plus propice est de la mi-juillet à la fin novembre. Le Pluvier siffleur, espèce en voie de disparition, arrive aux Îles fin avril et en repart fin août. Il pond ses œufs sur les plages de la mi-mai à la fin juillet.

Automne

Cueillette de canneberges : L'ouverture de la cueillette de canneberges a lieu généralement au début d'octobre. Informez-vous auprès de la Municipalité des Îles-de-la-Madeleine ou surveillez les médias locaux.

Les Îles dans 20 ans
Vision personnelle

Les Îles-de-la-Madeleine quand je serai grande !

« Quand je serai grande, j'aimerais encore courir et rigoler avec mes amies et ma famille dans de grands champs de fleurs. J'imagine une piste cyclable qui ferait le tour des Îles-de-la-Madeleine, et j'imagine pouvoir aller au travail et à l'école à pied et en vélo. Aussi, j'aimerais encore me baigner dans l'eau claire et pure, et après déguster de bons petits fruits des champs. J'aimerais qu'on garde nos déchets pour les jeter à la poubelle et ne pas les laisser dans la nature, ce qui est très important pour l'oxygène et notre milieu de vie. Il faut aussi faire attention de ne pas polluer la mer car il y a de bons poissons dedans qui sont mangés par les humains. »

Maya-Olivia Lepage, 9 ans

Comment je vois les Îles dans 20 ans…

« Je rêve du jour où plus personne ne balancera par-dessus bord sa bouteille de bière ou son verre de café. J'espère que, dans 20 ans, le niveau des mers n'aura pas augmenté au point de faire disparaître nos belles plages. Je rêve d'une mobilisation générale qui permette de mettre un frein au réchauffement accéléré de la planète, ce qui ralentira peut-être l'érosion de nos caps et de nos falaises.

Je rêve qu'aucun projet de forage à Old-Harry ou ailleurs ne voie le jour pour trouver des hydrocarbures, parce que je ne crois pas que nous ferons le poids contre le dangereux mariage du pétrole et de l'argent. Je rêve que le nouveau schéma d'aménagement de la MRC soit bien mis en place pour restreindre la construction de maisons dans les endroits inappropriés, que ce soit pratiquement sur la plage ou sur la plus haute butte, après avoir déboisé de façon ahurissante. Je rêve que les plantations d'arbres qui sont en pleine santé et magnifiques, comme celles qui entourent l'environnement de mes parents dans le chemin des Buttes, se multiplient et continuent de croître.

Je rêve que les majestueux grands hérons qui se nourrissent dans la p'tite baie en face de chez moi reviennent encore dans 20 ans, 40 ans, 60 ans…

Les beaux points de vue des Îles devraient appartenir à tout le monde, et aucune pancarte « privée » ne devrait nous en priver.

En conclusion, je rêve à tous ceux qui comme moi sont amoureux de nos si belles Îles, et j'espère que, toujours, nous ferons le maximum pour que dans 20 ans encore, elles soient pures, équilibrées et vertes. La nature nous aidera : cette dame est forte, et elle finit toujours par reprendre ses droits. »

Hélène Arseneau, 34 ans

Comment je vois les Îles en 2029 ?

Pour débuter, je revois les Îles de mon enfance. À chaque fois que l'on détruit ce que la nature nous avait donné au début, il se fait comme une cassure ou un débalancement. Est-ce à cause de la fermeture du Havre-aux-Basques, suite à une grosse tempête qui a emporté le pont de la Martinique, que j'ai vu au cours des cinquante dernières années le littoral de la Martinique, de Gros-Cap et de Cap-aux-Meules s'effriter chaque année? Comme si la nature voulait se venger d'avoir été dérangée… J'ai vu de belles buttes se faire éventrer un peu partout sur les Îles pour en faire des carrières à ciel ouvert. Plusieurs de ces buttes affichent aujourd'hui des blessures qui seront difficilement réparables, et une seule a été restaurée depuis. Lorsque je vois les arbres que l'on coupe à blanc pour développer le secteur résidentiel, je suis surpris car l'on sait que, même si l'on dit vouloir replanter pour faire de l'aménagement paysager, cela prend plus de 30 ans à un arbre pour devenir adulte.

Dans 20 ans, j'aurai quatre-vingt-douze ans. Je vois mes Îles toutes belles, avec une jeune génération ayant à cœur de protéger ces joyaux situés en plein cœur du golfe du Saint-Laurent. Je vois les Îles alimentées en électricité par câble sous-marin à partir de la Gaspésie. Je vois les lignes électriques enfouies sous terre. Je vois des pollueurs payer pour les dégâts causés à l'environnement. Je ne voudrais pas voir des éoliennes à la grandeur des Îles chambarder notre environnement. Je vois de l'eau protégée au maximum, je vois l'agriculture bio, je vois des arbres qui poussent à profusion. Quand sera venu le temps de partir pour un monde meilleur, je me dirai : « J'étais fier de mes Îles, et j'y ai vécu heureux. » Des Îles comme les nôtres, c'est à chaque citoyen, du plus petit au plus grand, de les protéger et de les embellir pour les générations futures.

Alphonse Forest, 72 ans

Cahier spécial sur les principaux
Oiseaux
des milieux marin et dunaire

Nous vous invitons à découvrir quelques espèces d'oiseaux pouvant être observées dans les milieux marin et dunaire de l'archipel.

De façon générale, il est souhaitable de minimiser l'impact que nos différentes actions peuvent avoir sur les oiseaux et leur environnement. Lors d'une séance d'observation, notre seule présence près des oiseaux peut nuire à leur alimentation, à la couvaison, aux soins accordés aux petits, etc. Pour connaître quelques-unes des pratiques que nous conseillons, consultez la section *Activité nature : Observation d'oiseaux* (page 44).

Quelques clés

Nomenclature

Le système de classification des oiseaux est sophistiqué. Une *espèce* se définit comme une population d'êtres vivants qui ne se reproduisent pas avec les populations voisines. Plusieurs espèces d'oiseaux semblables font partie d'un même *genre*. Plusieurs genres d'oiseaux apparentés font partie d'une même *famille* et plusieurs familles composent un *ordre*. Tous les oiseaux réunis constituent la *classe* des oiseaux.

Dans ce cahier, les espèces d'oiseaux sont désignées à la fois par leur nom vernaculaire (leur nom dans la langue courante) et par leur nom scientifique, écrit en italique.

Le chant des oiseaux

Les oiseaux émettent deux types de production vocale. Le cri est un bruit court qui véhicule des informations précises et urgentes (prédateur, territoire). Le chant, généralement plus long et modulé, est souvent l'apanage du mâle, et sert plutôt à séduire. Chaque espèce a son propre répertoire de chants et de cris. Dans certains guides d'identification, ainsi que dans le présent ouvrage, ces chants et ces cris sont présentés sous la forme d'onomatopées.

Taille des oiseaux

Les mesures données se réfèrent à la taille moyenne des individus du bout du bec à l'extrémité de la queue.

Aire de répartition

Nous présentons principalement les zones que les espèces fréquentent sur le continent américain. Certaines espèces sont également observables ailleurs sur la planète.

Bonne observation !

Pour en apprendre davantage sur les oiseaux, nous vous invitons à vous procurer un guide d'identification des oiseaux du Québec et de l'est de l'Amérique du Nord.

Sommaire

Oiseaux du milieu marin

Fou de Bassan (*Morus bassanus*)

Appellation locale : *Margaulx* ou *margau*. Nom donné par Jacques Cartier.

Patrimoine : Des Fous de Bassan plongeant dans la mer indiquent aux pêcheurs la présence de harengs ou de maquereaux. Jadis, les pêcheurs naviguant au large des rochers aux Oiseaux s'orientaient en fonction des déplacements de ces oiseaux. L'expression « *Avaler comme un margau* » est encore utilisée de nos jours pour qualifier quelqu'un de glouton.

Comportement : La parade nuptiale des Fous de Bassan consiste en plusieurs courbettes, déploiements d'ailes et croisements de becs. Le couple peut rester uni pendant plusieurs années, et il copule plusieurs fois, même après la ponte des œufs.

La période de nidification a lieu de mai à août. Les couples occupent le même nid d'année en année. Les deux parents couvent l'œuf à tour de rôle, pendant plus de 40 jours. Jusqu'à leur premier envol, vers l'âge de six semaines, les parents nourrissent les oisillons par régurgitation. En attendant d'aller à leur tour nicher sur les falaises, les jeunes de moins de cinq ans (âge de leur maturité sexuelle) fréquentent les abords de la colonie.

En quête de nourriture, le Fou de Bassan plane seul ou en groupe, à une hauteur de 18 à 30 mètres au-dessus de l'eau. Une fois sa proie repérée, il tournoie, puis plonge presque verticalement pour l'attraper, à une vitesse vertigineuse et jusqu'à 15 mètres de profondeur. Sous la peau de son cou et à la naissance de ses flancs, de petites poches se gonflent d'air avant la plongée et contribuent à amortir le choc.

Description : Oiseau blanc (95 cm) avec l'extrémité des ailes noire. Le cou et la tête sont teintés de jaune, et les yeux, bleu clair, lui permettent de voir vers l'avant, contrairement à la plupart des oiseaux. Le nid, construit à base de boue, d'herbes et d'algues, contient généralement un seul œuf. Se nourrit de poissons.

Chant : *arrha* grave.

Habitat : Falaises et îles.

Aire de répartition : Atlantique Nord. Trois colonies **nichent** dans le golfe du Saint-Laurent (île Bonaventure, île d'Anticosti et îles de la Madeleine), et trois autres nichent près de Terre-Neuve. Hiverne au large des côtes du golfe du Mexique et de la Floride.

Aux Îles : **Niche** sur les rochers aux Oiseaux. Il arrive dès la **fin mars** et repart en **novembre**. Il est possible de voir le Fou de Bassan à partir de toutes les côtes des Îles.

Des couples unis

Les oiseaux marins se mettent en couple généralement pour plusieurs années, voire pour la vie. Bien qu'ils soient éloignés l'un de l'autre pendant quelques mois, le mâle et la femelle se retrouvent d'année en année pour la période de reproduction, et retournent généralement au même nid.

Les couples peuvent parfois se séparer si le processus de la reproduction échoue ou si un membre du couple meurt.

Goéland marin (*Larus marinus*)

Autre appellation : Les ornithologues l'appellent aussi *goéland à manteau noir.*

Patrimoine : En observant ces oiseaux, les marins tiraient autrefois de précieux renseignements sur la direction des vents, la température et la présence de bancs de poissons. Les œufs de ces oiseaux et leur chair étaient jadis appréciés, et leurs plumes étaient utilisées pour fabriquer des plumeaux à ménage.

Comportement : Le couple s'affaire au nid de la mi-mai au début du mois de juillet. La couvaison dure 28 jours, et le couple se partage les soins prodigués aux petits. Après plus de 40 jours, les oisillons effectuent leur premier envol.

Le Goéland marin cohabite avec d'autres espèces d'oiseaux, dont les Goélands argentés, qu'il domine sur les aires de reproduction et d'alimentation. Il prend possession des sites qui offrent la meilleure vue, et qui lui permettent de garder l'œil sur la venue d'un prédateur ou sur toute proie potentielle.

Description : Grand (78 cm), dos et ailes noires, dessous du corps blanc. Bec jaune avec tache rouge. Le nid, posé sur le sol et constitué de brindilles, plumes et débris d'algues, contient de deux à quatre œufs. Se nourrit de poissons, d'invertébrés marins, de fruits sauvages et de charognes. Grand prédateur, il consomme également les petits des Goélands argentés, des Eiders à duvet et des Macareux moines.

Chant : *Hao hao* grave et répété.

Habitat : Côtes et estuaires et, à l'occasion, plans d'eau douce.

Aire de répartition : Côte ouest de l'Atlantique Nord.

Aux Îles : L'espèce est **présente durant toute l'année**. On l'aperçoit très souvent sur l'ensemble du territoire notamment au niveau de l'estran du Barachois et de l'estran du sud de la dune de l'Ouest.

Goéland argenté

Le Goéland argenté (*Larus argentatus*) est très commun au Québec. À la fois prédateur - notamment de jeunes cannetons - et charognard, il est également cleptoparasite, dérobant de la nourriture aux autres espèces d'oiseaux. Il a développé de nombreuses techniques pour s'alimenter. L'une d'elle consiste à prendre sa proie dans son bec (oursin, mollusque…), à s'élever de quelques mètres, et à la laisser tomber sur les rochers ou même sur les routes pour la casser.

Grand Cormoran (*Phalacrocorax carbo*)

Appellation locale : *Cormoran*, *shag*, *pouilleux*, *plein de poux* et *corbeau de mer*.

Patrimoine : Aux Îles, comme ses surnoms de *pouilleux* ou *plein de poux* l'indiquent, il a plutôt mauvaise réputation. Ailleurs dans le monde, les cormorans sont appréciés pour leurs talents de pêcheur : en Asie, des pêcheurs utilisent des cormorans tenus en laisse pour attraper de petits poissons.

Comportement : De juin à la fin juillet, les adultes restent au nid. Après 28 jours d'incubation, c'est l'éclosion des œufs. Les deux parents prennent soin des petits, et les nourrissent. Les oisillons prennent leur envol après 50 jours, tout en demeurant aux soins de leurs parents quelques semaines encore, pendant qu'ils améliorent leurs techniques de vol et de pêche. C'est principalement le mâle qui assure la défense du nid.

L'oiseau va au large pour se nourrir. Il nage sous l'eau pour atteindre sa proie, et il peut y rester pendant plus d'une minute. Il revient à la surface avec le poisson au bec, le secoue pour l'étourdir puis l'avale.

Son plumage n'étant pas totalement imperméable, il fait sécher ses ailes au vent et au soleil en les gardant ouvertes pendant des heures, évitant ainsi de perdre de la chaleur.

Les troupes volent en file indienne ou en « V » comme les oies (mais en silence).

Description : Grande taille (90 cm de long), menton jaune pâle, gorge blanche. En période de reproduction, on voit apparaître une tache blanche sur les flancs. Le nid, situé au sommet des falaises, mesure un mètre de diamètre et 30 cm de haut. Il contient de trois à cinq œufs blancs-bleutés, et il est réutilisé d'une année à l'autre. Se nourrit de poissons et d'invertébrés aquatiques.

Chant : Silencieux, à l'exception de sons graves lors de la nidification en colonie.

Habitat : Falaises maritimes et côtes.

Aire de répartition : Niche sur les côtes des Maritimes et de Terre-Neuve. **Hiverne** le long de la côte Atlantique.

Aux Îles : Niche à quelques endroits seulement. Les principales colonies du Québec se trouvent sur l'île Brion, l'île Shag et l'île d'Entrée. On l'observe du **début mai** à la **fin novembre**.

Cormoran à aigrettes

On trouve également aux Îles le Cormoran à aigrettes (*Phalacrocorax autirus*). Un peu plus petit et présent en plus grand nombre que son cousin, le Grand Cormoran, il s'alimente davantage près des côtes ou dans les eaux intérieures. Il nage le bec relevé et une partie du corps submergée dans l'eau. Il plonge sous l'eau et se propulse avec ses pattes palmées pour capturer ses proies. Le nid est souvent situé en hauteur (corniche, falaise, arbre). Lorsqu'il niche dans les arbres, les excréments riches en azote qui tombent au sol nuisent aux arbres hôtes. Le Cormoran à aigrettes niche en colonies parfois très importantes.

Grand Héron (*Ardea herodias*)

Appellation locale : On l'appelle également *biock* et *couac*, à cause de son cri.

Patrimoine : Sur l'archipel, l'expression *tête de biock* est une insulte utilisée pour désigner une personne entêtée.

Comportement : La période de nidification s'étend d'avril à la fin juin. Le couple restaure un nid inoccupé ou le construit dans un arbre, à l'aide de brindilles et de branches sèches. Les adultes assument à tour de rôle les 28 jours de couvaison des trois à cinq œufs de la nichée ainsi que le nourrissage des petits qui se fait par régurgitation. Après leur naissance, les héronneaux continuent d'être couvés. À l'âge de 10 semaines, les petits cessent de revenir au nid. Chez les hérons, un couple demeure généralement uni pendant une année.

Pour pêcher, le Grand Héron s'immobilise, debout dans des eaux peu profondes, le cou tendu, attendant qu'un poisson passe près de lui. À ce moment-là, il avance une patte, replie son cou au-dessus de l'eau, et y plonge rapidement la tête, capturant la proie avec son bec et l'avalant hors de l'eau.

Description : Longues pattes, bec long et pointu, long cou que le héron plie pour reculer la tête lors du vol. Grande taille (entre 105 et 130 cm), plumage dorsal gris-bleu et dessus de la tête blanc. Le nid mesure jusqu'à un mètre de diamètre, et il est généralement agrémenté de lichens, de mousse ou d'aiguilles de conifères. Consomme principalement des poissons, mais aussi des invertébrés marins et terrestres, des petits rongeurs, des petits oiseaux et des grenouilles.

Chant : Généralement silencieux, parfois *frahnk*, *frahnk*, rauque et grave en cas d'alerte.

Habitat : Lagunes, marais, rivages et vasières.

Aire de répartition : Sud du Canada, Mexique, nord de l'Amérique du Sud où certains se déplacent pour hiverner.

Aux Îles : Niche au sud de la baie du Cap-Vert, ainsi qu'à la Pointe aux Canots. Il y a aussi des colonies à Grosse-Île et sur l'île du Havre Aubert. Présent sur l'archipel du mois d'**avril** au mois de **décembre**.

Guillemot à miroir (*Cepphus grylle*)

Appellation locale : *Pigeon de mer, pigeon de cap* et *pigeon d'eau salée.* Guillemot signifie *petit Guillaume.*

Patrimoine : Cet oiseau aiderait les pêcheurs à repérer les fonds abritant des homards.

Comportement : En guise de séduction, il parade en donnant des petits coups de tête et en soulevant ses ailes.

Les guillemots peuvent former des colonies de grande ou de petite taille, et certains individus se reproduisent en couples isolés. Dès le mois de mai, les couples s'affairent au nid. Mâle et femelle ont, au niveau de la poitrine, deux plaques dépourvues de plumes avec lesquelles ils couvent les œufs pendant quatre semaines. Les parents alimentent les oisillons dans le nid en apportant un à un les poissons capturés. À cinq semaines, les oisillons quittent le nid et prennent leur envol. Au mois d'août, c'est la période de la « formation » en mer.

Alors qu'il est sur l'eau, l'oiseau plonge fréquemment la tête sous l'eau, guettant ses proies. Sur terre, l'oiseau se tient à la verticale.

Le matin, on aperçoit les guillemots en grand nombre, aux abords des colonies.

Description : Petit oiseau noir (30-35 cm) avec une tache blanche sur les ailes, laquelle inspire le nom *miroir.* Pattes rouges et bec pointu. Plumage plus pâle en hiver. Le nid, bien à l'abri des prédateurs dans les cavités des falaises, contient un à deux œufs. Se nourrit de poissons et d'invertébrés.

Chant : *Piiiiii* sifflé et aigu.

Habitat : Eaux côtières, cavités des falaises, talus d'éboulis.

Aire de répartition : Circumpolaire. **Niche** sur les côtes de l'Amérique du Nord. Au Québec, principalement dans le détroit d'Hudson, dans l'estuaire et dans le golfe. **Hiverne** dans l'Atlantique Nord, jusqu'au nord-est des États-Unis.

Aux Îles : Niche sur les falaises, présent sur l'ensemble du territoire. On l'aperçoit de la **mi-avril** à **décembre**.

Macareux moine (*Fratercula arctica*)

Appellation locale : *Perroquet de mer.*

Comportement : La nidification se déroule d'avril à juillet. Les parents participent à l'incubation qui dure une quarantaine de jours, et ils prennent soin de l'oisillon durant une période équivalente, soit jusqu'à son premier envol, lorsqu'il devient indépendant.

Peu habile en vol et à l'atterrissage, il est cependant très agile sous l'eau, utilisant ses ailes pour se déplacer afin de capturer les poissons.

Description : Oiseau trapu à tête massive (30 cm), ailes noires, dessous blanc. Bec triangulaire et coloré rouge, orangé, bleu. En hiver, bec plus petit et jaune, joues plus grises. Le nid, une cavité dans une falaise ou un terrier creusé dans la terre humide, est réutilisé d'année en année ; il contient généralement un œuf. Se nourrit de poissons et parfois d'invertébrés aquatiques.

Chant : Silencieux en mer, émet un *â-ou* grave sur les sites de nidification

Habitat : Eaux et îles côtières, haute mer.

Aire de répartition : De l'Atlantique Nord, jusqu'au Maine, colonies les plus importantes localisées à Terre-Neuve et au Labrador. **Hiverne** en pleine mer, au large de Terre-Neuve. Au Québec, golfe du Saint-Laurent, notamment au niveau de la Basse Côte-Nord.

Aux Îles : Niche sur les rochers aux Oiseaux et sur l'île Brion. On peut l'observer de **mai** à **septembre**.

Martin-pêcheur d'Amérique (*Megaceryle alcyon*)

Comportement : Couples monogames ; pour séduire la femelle, le mâle effectue une parade avec chants et cadeaux.

Durant la période de nidification, le couple est très territorial. Le Martin-pêcheur d'Amérique fait son nid au mois de juin dans les falaises de l'archipel. Six à huit œufs sont déposés dans le nid, et la couvaison, qui dure de 22 à 24 jours, est assumée par les deux parents qui se relaient. Après l'éclosion des œufs, les parents nourrissent les oisillons par régurgitation. Les oisillons quittent le nid lorsqu'ils ont environ 28 jours. Les parents prendront soin d'eux pendant encore quelques semaines.

Le Martin-pêcheur d'Amérique vole à coups d'ailes selon un rythme inégal, en faisant entendre un bruit sec et répété. Pour capturer un poisson, il vole sur place, au-dessus de l'eau, puis il plonge rapidement sur sa proie pour la saisir. Avant de l'avaler, il lui arrive de la secouer ou de l'étourdir en la cognant contre quelque chose.

Description : Oiseau plutôt solitaire, imposante huppe en broussaille, bec large, corps bleu-gris (33 cm), une bande grise orne sa poitrine blanche, et la femelle possède une seconde bande pectorale, rousse. Le nid, creusé dans les falaises de dépôts meubles (sable, grès), est une simple cavité située au bout d'un tunnel de un à deux mètres de long. Les œuf sont déposés à même le sol. Se nourrit de poissons et, à l'occasion, d'invertébrés aquatiques, de petits mammifères ou de végétaux.

Chant : Bruit fort et sec comparable à un claquement répété, laissant facilement deviner sa présence. Le cri d'alarme ressemble à un hurlement.

Habitat : Cours d'eau, lacs et côtes.

Aire de répartition : Alaska et Canada jusqu'au sud des États-Unis. **Hiverne** au sud jusqu'au Panama.

Aux Îles : Niche sur l'ensemble du territoire, et se sert des falaises de grès rouge et des gravières pour creuser son terrier. Il arrive **fin avril**, et on l'aperçoit sur l'archipel jusqu'en **octobre**.

Mouette rieuse (*Larus ridibundus*)

Comportement : De juin à juillet, les adultes restent dans le nid, préalablement construit par le mâle, et couvent pendant environ 25 jours. Les deux parents prennent soin des oisillons, et 10 jours après la naissance, la famille quitte le nid pour fréquenter les abords de la colonie. À 20 jours, les oisillons se nourrissent seuls, et à 35 jours, ils prennent leur envol.

Description : Tête blanche devenant brune durant l'été. Bec rouge foncé. Mesure entre 35 et 38 cm. Le nid, un amas de plantes sèches dans la végétation dense, contient généralement deux à trois œufs. Se nourrit d'insectes, de vers de terre, de poissons, de végétaux, de petits fruits ou autres matières, parfois dans les dépotoirs.

Chant : *Tchèrrrrr* rauque.

Habitat : Près des lacs, des côtes, en bordure des marécages, des tourbières, dans les dunes et les estuaires.

Aire de répartition : En Amérique du Nord, il n'existe que trois ou quatre colonies de cette espèce européenne. Niche sur la côte est de l'Amérique, notamment dans les Maritimes. **Hiverne** le long des Grands Lacs et de la côte est des États-Unis jusqu'à Cuba.

Aux Îles : **Niche** à la Pointe de l'Est et autrefois en bordure de la baie du Havre aux Basques et de l'étang de la Martinique. À l'automne, elle s'alimente sur le bord des plans d'eau, dans le Havre-aux-Basques. On l'aperçoit dès la **mi-avril** et jusqu'en **décembre**.

Mouette tridactyle (*Rissa tridactyla*)

Appellation locale : *Mouette* ou *goéliche*, en référence à son allure de petit goéland.

Patrimoine : L'expression *goéliche* est utilisée pour caractériser une jeune fille vive et espiègle.

Comportement : Les individus sont sexuellement immatures jusqu'à l'âge de quatre à cinq ans. L'année précédant la première reproduction, ils adoptent des comportements nuptiaux et territoriaux sans produire d'œufs.

La Mouette tridactyle niche en colonie sur les falaises, dans les escarpements et les corniches étroites. Le territoire du couple se limite à la superficie du nid.

La couvaison dure 27 jours. Le couple élève les oisillons pendant 40 jours, en les nourrissant par régurgitation. Les oisillons s'envolent par la suite et les adultes se dispersent également en préparation de la migration vers le sud.

Description : Corps blanc (43 cm) et ailes grises avec extrémités noires coupées droit. Bec jaune pâle et pattes noires. Le nid, constitué d'un mélange d'algues, de végétaux et de boue, est élaboré par le couple, et contient un à trois œufs. Se nourrit de poissons, de crustacés et de mollusques.

Chant : *Kakawouik* ou *kitiouak* rauque.

Habitat : Haute mer en hiver, falaises et côtes en été.

Aire de répartition : Mers plutôt froides de l'hémisphère Nord dont l'Alaska, le Groenland et le Québec, particulièrement dans le golfe du Saint-Laurent. **Hiverne** sur la côte est des États-Unis.

Aux Îles : Niche particulièrement sur les rochers aux Oiseaux, sur l'île Brion, sur l'île d'Entrée, sur l'île Shag, au sud-ouest de l'île du Havre Aubert et sur l'île aux Goélands. On l'aperçoit dès la **mi-mars** et jusqu'à la **mi-décembre**.

Petit Pingouin (*Alca torda*)

Appellation locale : *Gode*, ainsi nommé depuis Jacques Cartier ; nom répandu au Québec. Sur l'archipel, *gode* est également utilisé pour l'ensemble des oiseaux se tenant debout.

Comportement : Dès la ponte en mai, le couple se partage la couvaison durant environ 35 jours, se servant de leurs plaques incubatrices, qui consistent en deux zones situées sous le ventre et dépourvues de plumes, pour maintenir l'œuf chaud. Après l'éclosion, l'oisillon est encore couvé. Les parents apportent des poissons au nid trois à quatre fois par jour, et en 18 jours, l'oisillon passe de 60 à 200 grammes. Afin de protéger le jeune de la prédation par les goélands, le mâle l'entraîne hors du nid, au coucher du soleil, et l'incite à aller en mer. Pendant plusieurs semaines, incapable de voler, l'oisillon sera ainsi accompagné par ses parents.

L'intrusion d'individus dans le territoire de reproduction provoque des réactions territoriales vives. Toutefois, une zone commune se trouve à proximité ; on y retrouve des pingouins immatures et des individus d'autres espèces.

Doté d'ailes courtes, il est très bien « équipé » pour la nage et la chasse sous l'eau. Il peut également voler.

Description : Oiseau de taille moyenne (40-45 cm). Dessus noir et dessous blanc, tête massive, bec comprimé latéralement, comportant une ligne blanche verticale, jaune à l'intérieur. Le nid, fait avec quelques végétaux déposés sur du gravier, dans des fissures profondes ou dans des éboulis de roches, contient un œuf. Se nourrit de poissons, de crustacés, de vers et de mollusques.

Chant : *Hé-al* guttural.

Habitat : Falaises maritimes et haute mer.

Aire de répartition : Niche de l'Arctique jusqu'au nord-est des États-Unis. **Hiverne** sur les côtes de l'Atlantique Nord. Au Québec, principalement sur les îles du golfe et de l'estuaire du Saint-Laurent.

Aux Îles : Niche sur les rochers aux Oiseaux, sur l'île Brion et sur l'île d'Entrée. On l'aperçoit sur l'archipel de la **mi-avril** à novembre.

Grand Pingouin

Disparu depuis le 19ᵉ siècle, le Grand Pingouin (*Pinguinus impennis*) était le cousin du Petit Pingouin. La chasse faite par l'homme pour sa chair, ses œufs et ses plumes ont mené à sa disparition. Son incapacité à voler faisait malheureusement de lui une proie facile.

Sterne pierregarin (*Sterna hirundo*)

Appellation locale : *Istorlet*, *goéliche* et, à l'occasion, *hirondelle de mer* en raison de son vol gracieux.

Patrimoine : Les œufs de l'*istorlet* étaient jadis ramassés pour être consommés, notamment sur l'île aux Goélands. Il fallait les récolter au bon moment, et cela exigeait une bonne connaissance des oiseaux.

Comportement : Peu avant la ponte, la femelle demeure au nid, et elle est alimentée par le mâle. La nidification se déroule de juin à juillet. La couvaison dure environ 23 jours, et est assurée en partie par la femelle. Dès l'âge de trois ou quatre jours, les jeunes se déplacent aux abords du nid. Les parents les alimentent jusqu'à leur envol, au 25e jour. Après deux mois, ils sont généralement entièrement indépendants.

Les sternes pêchent en groupe en volant au-dessus des bancs de poissons, et elles se laissent tomber dans l'eau, d'une hauteur d'environ trois mètres, pour capturer leur proie, généralement près de la surface.

Ces oiseaux sont agressifs et vont se regrouper pour faire fuir les intrus ou les prédateurs.

Description : Petit oiseau (33 à 40 cm). Manteau gris, tête munie d'une calotte noire, devenant incomplète durant l'hiver, pattes rouges et bec rouge à bout noir s'assombrissant l'hiver, queue fourchue. Le nid, une légère dépression creusée dans le sol par le couple et garnie principalement d'herbes, d'algues et de brindilles, contient deux à trois œufs. Se nourrit de petits poissons, de crustacés et d'insectes marins.

Chant : *Kiarrr* étiré (descendant) lorsqu'une proie est repérée, et *kik-kik* répété lorsqu'elle se sent menacée.

Habitat : Près d'un plan d'eau (lac, mer, lagune), plages, îles recouvertes de végétation, structures (jetées, etc.).

Aire de répartition : Niche dans l'hémisphère Nord, principalement en zone boréale, dans les régions côtières. Au Québec, le long du fleuve et du golfe du Saint-Laurent, et à l'intérieur des terres. **Hiverne** dans l'hémisphère Sud.

Aux Îles : Niche principalement au Havre-aux-Basques, sur l'île Paquet, appelée aussi île aux Cochons, dans la lagune du Havre aux Maisons, et sur l'île du Chenal, dans la lagune de la Grande Entrée. On l'observe de **mai** à **fin-octobre**.

Espèce en péril

Sterne de Dougall

La Sterne de Dougall (*Sterna dougallii*) est une espèce en voie de disparition au Canada. Les îles de la Madeleine constituent son seul site de nidification au Québec. Elle se distingue des autres espèces de sternes par sa longue queue, la blancheur de son plumage, son bec fin et, en été, par son bec presque entièrement noir. Les ornithologues la reconnaissent généralement par son cri. La population aux Îles est évaluée aujourd'hui à moins de cinq couples.

Oiseaux du milieu dunaire

Les *alouettes*

Appellation locale : Les bécasseaux, les pluviers et autres limicoles (oiseaux se nourrissant de petits invertébrés sur le rivage et dans la vase) sont communément appelés *alouettes*.

Espèce en péril

Bécasseau maubèche (*Calidris canutus*)

Statut de l'espèce : Espèce désignée en voie de disparition au Canada.

Patrimoine : Avant la loi de 1917 protégeant les oiseaux migrateurs, il était courant de faire la chasse aux limicoles. On les chassait au fusil ou à la *lignette*. Cela consistait à prendre au piège les oiseaux dans de petits collets, généralement fabriqués avec du crin de cheval. Les oiseaux étaient apprêtés pour confectionner des *stews* (plats mijotés) ou étaient mangés avec des fèves au lard en accompagnement.

Comportement : En période de migration, il parcourt près de 15 000 km, soit la distance entre l'Arctique et la Terre de Feu à l'extrémité sud de l'Amérique du Sud.

Description : Limicole plutôt trapu (25 à 28 cm) à la poitrine rougeâtre au printemps et blanche en hiver. Bec relativement court pour un bécasseau, plumage gris sur le dos avec des motifs d'écailles, croupion blanc. Se nourrit d'invertébrés aquatiques qu'il trouve en fouillant le sol avec son bec, organe sensitif chez les bécasseaux.

Chant : Sifflement bas à deux notes, *twit-wit* ou *wa-kwat* grave et doux. Aussi *knout* bas.

Habitat : En migration : rivages, estrans. En période de nidification : toundra.

Aire de répartition : Hiverne dans l'hémisphère Sud, et **niche** dans les régions arctiques.

Aux Îles : **Ne niche pas**, mais fait escale de la **mi-juillet** à la **mi-novembre**. Il est fréquent d'observer des rassemblements d'individus entre la fin juillet et la fin août.

A.R.

Bécasseau sanderling (*Calidris alba*)

Comportement: Il est amusant de l'observer, trottinant et fouillant le sable derrière la vague qui se retire, puis remontant avec empressement à la venue d'une nouvelle vague.

Description: Limicole bien en chair (18 à 20 cm) arborant en vol une bande blanche caractéristique sur les ailes. Plumage gris et blanc en hiver, se colorant de teintes rousses en période nuptiale. Se nourrit de petits invertébrés aquatiques peuplant le sol humide des plages.

Chant: *Twick* ou *kwit* bref

Habitat: En migration : plages côtières, estrans et lacs. En été : niche sur le sol pierreux de la toundra.

Aire de répartition : Hiverne depuis la Nouvelle-Écosse jusque dans l'hémisphère Sud et **niche** dans les régions nordiques.

Aux Îles : Ne niche pas mais fait escale de la **mi-juillet** à la **fin novembre** (et très rarement au printemps). Arrive tard sur l'archipel, mais la durée de son passage est l'une des plus longues parmi les limicoles.

Bécasseau semipalmé (*Calidris pusilla*)

Comportement : Les couples sont généralement monogames. Arrivés sur le site de nidification, les mâles partent en quête d'un territoire, et tentent de séduire la femelle en exécutant une parade en vol et en poussant des cris.

Dès leur naissance, les jeunes sont déjà hauts sur pattes, et ils partent maladroitement en quête d'insectes. La femelle quitte les jeunes quelques jours après leur naissance et c'est alors le mâle qui prend soin des oisillons jusqu'à leur envol, environ 15 jours après leur naissance.

En prévision de sa migration, longue de plus de 3 000 km, le Bécasseau semipalmé peut accumuler des graisses au point de doubler de poids.

En vol, les groupes font preuve d'un grand synchronisme qui rappelle celui des bancs de poissons.

Description : Petit limicole (14 à 16 cm) au plumage grisâtre et aux pattes foncées. Plumage nuptial brun plus éclatant. Son nom lui vient de la présence de palmures entre les doigts. Le nid, une petite coupole creusée à même le sol, contient quatre œufs verts tachetés de brun et de vert olive. La forme allongée des œufs leur procure une grande surface de contact entre eux, diminuant ainsi la perte de chaleur. Se nourrit d'insectes et d'invertébrés aquatiques.

Chant : *Tchit* ou *tchéh* doux.

Habitat : En migration : plages côtières et vasières. En été : niche dans la toundra.

Aire de répartition : Hiverne dans le nord de l'Amérique du Sud, et **niche** dans les régions arctiques.

Aux Îles : Fait escale de la **mi-juillet** à la **fin octobre**. Ses sites de prédilection sont le Barachois et le pré salé du Havre-aux-Basques. Le Bécasseau semipalmé aurait déjà niché aux Îles, mais **ne niche plus** depuis fort longtemps.

La migration

La migration désigne le déplacement cyclique d'une population entre un territoire et un autre. Généralement, les oiseaux migrateurs effectuent deux grands voyages par année :

- **au printemps**, ils quittent les régions du sud pour se reproduire au nord ;
- **à l'automne**, ils retournent au sud pour hiverner.

Pourquoi les oiseaux migrent-ils ?

Pour la plupart, la migration hivernale permet d'échapper aux conditions arides des régions nordiques. Suivant un itinéraire prédéterminé, les oiseaux atteindront des terres où la nourriture est abondante et le climat plus doux. En été, pour améliorer les chances de survie des oisillons, ils iront au nord, sur des terres où la prédation est moins importante, les territoires plus vastes, les jours plus longs et la nourriture abondante.

Il semble que le comportement migratoire soit programmé génétiquement, et qu'il soit régi à la fois par l'horloge biologique interne des oiseaux et par l'environnement.

Suivons les oiseaux…

La neige fond sur l'archipel, l'été approche. Les oiseaux migrateurs parcourent le ciel et atterrissent aux Îles. S'ils nichent sur l'archipel, ils formeront des couples, copuleront et élèveront leurs petits, puis ils repartiront dans le sud, à l'automne.

S'ils nichent plus au nord ou ailleurs dans le golfe, ils feront escale aux Îles pour se revigorer avant de poursuivre leur route.

Bruant des prés (*Passerculus sandwichensis*)

Comportement : Le mâle utilise son chant pour délimiter son territoire et attirer les femelles. C'est généralement la femelle qui construit le nid.

La ponte se déroule au début du mois de juin. Le mâle et la femelle participent à la couvaison des quatre œufs, qui dure environ 21 jours, et prennent soins tous les deux des oisillons. Les jeunes quittent le nid vers le 13e jour.

Description : Petit oiseau (11 à 14 cm), sourcils jaunâtres, rayure blanche sur la tête et petite queue avec encoche. Le nid, une cavité naturelle ou creusée à même le sol, est garni d'herbes et de plantes, et camouflé dans les hautes herbes. S'alimente principalement de grains, mais aussi d'insectes et d'invertébrés. Les bruants s'adaptent physiquement à leur habitat : les espèces qui se reproduisent dans les dunes sont plus pâles que celles qui se reproduisent dans les prés.

Chant : *Tsip-tsip-tsip-tsriiii-tsraaé* doux, surtout au lever et au coucher du soleil.

Habitat : Dune fixée où il s'alimente dans les landes à camarines, milieux ouverts en général : champs, pâturages, milieux humides et rivages sablonneux. Les poteaux, clôtures et tiges végétales lui servent de perchoir. Étant donné sa tendance à se déplacer sous le couvert végétal et entre les herbes denses, il est difficile à observer.

Aire de répartition : Amérique du Nord. À l'automne, les populations les plus au nord migrent en Amérique centrale ainsi qu'aux Antilles.

Aux Îles : Les individus **nicheurs** arrivent en **avril**, et se répartissent sur l'ensemble du territoire. De la **fin août** à la **fin octobre**, des groupes se forment et c'est la grande migration vers le sud qui commence.

A.R.

Faucon émerillon (*Falco columbarius*)

Comportement : La parade nuptiale consiste en un éventail de vols planés, en piqué ou en ronde ; les adultes s'échangent également de la nourriture, le tout en poussant des cris.

Amorcée début juin, la couvaison dure environ 30 jours ; le mâle apporte la nourriture à la femelle. Un mois après leur naissance, les jeunes prennent leur envol, tout en dépendant encore des parents pour l'alimentation. À deux mois, ils sont indépendants. Pendant toute cette période passée autour du nid, les faucons sont très bruyants.

L'oiseau est réputé pour son agressivité et les cris qu'il émet lorsqu'il défend son territoire et son nid. La femelle ne quitte le nid que si l'intrus s'aventure trop près. Il semble que peu d'oiseaux nichent à proximité du Faucon émerillon.

En quête de nourriture, le Faucon est généralement immobile sur son perchoir ou bien il vole à basse altitude, toujours à l'affût, puis s'élance fougueusement vers sa proie dans un vol rapide et agile qui surprend sa victime. Il lui arrive de cacher les restes de nourriture au sol ou dans les arbres, et de les récupérer plus tard.

Description : Petit et trapu (25 à 30 cm), à la queue grise, rayée de noir, et aux ailes effilées. Poitrine chamois, avec de nombreuses rayures, dos gris-bleu chez les mâles et brun foncé chez les femelles. Ressemble au Faucon pèlerin, en plus petit. Son nid, construit à l'intérieur ou près d'un tronc de conifère, dans un buisson, une cavité de falaise ou un ancien nid de corbeau, contient trois à six œufs de couleur crème, tachetés de brun. Se nourrit de petits oiseaux, d'insectes et de petits mammifères.

Chant : Le mâle émet un *kikiki* rapide et aigu ; la femelle, un *yip yip* plutôt grave et geignant.

Habitat : Forêts de conifères, dunes boisées, marais. Niche généralement dans les sapinières.

Aire de répartition : Hiverne en Amérique du Nord et en Amérique du Sud. **Niche** dans le nord de l'hémisphère Nord. Quelques populations sont sédentaires.

Aux Îles : Niche notamment sur l'île Brion, l'île du Cap aux Meules et l'île d'Entrée. En migration, il fréquente le Havre-aux-Basques, Grosse-Île et la Pointe de l'Est. On l'observe du début du mois de **mai** au mois d'**octobre**.

Grand Corbeau (*Corvus corax*)

Appellation locale : Au début du siècle, on l'appelait *corbeau de dune*, *corbeau de caps* et *corbeau de mer*, selon l'endroit où on l'observait.

Patrimoine : Dans la croyance populaire, la présence du Grand Corbeau laisse augurer l'arrivée d'une lettre ou un déménagement ; un événement heureux si on en voit deux, ou bien un malheur et même la mort si on en voit un seul...

On raconte qu'à une certaine époque, un homme travaillant à l'usine de Grande-Entrée avait apprivoisé un corbeau. Chaque hiver, l'homme quittait les Îles pour ne revenir qu'au printemps. Il paraît qu'à son retour, le corbeau revenait toujours à lui.

Comportement : Pour séduire la femelle, le mâle déploie ses ailes et sa queue, tout en mettant les plumes de son cou en évidence. Quelques habiles manœuvres aériennes accompagnées de cris complètent la parade. En guise d'acceptation, la femelle se recroqueville et fait trembler sa queue.

La nidification a lieu en avril et en mai. Le mâle nourrit la femelle pendant qu'elle couve les œufs. Une fois nés, les oisillons sont nourris par régurgitation puis prennent leur envol 40 jours après leur naissance. Les couples semblent demeurer unis toute l'année.

L'oiseau réagit violemment face à l'approche d'un intrus, qu'il peut poursuivre sur de longues distances, et avec lequel il engagera potentiellement un combat aérien.

Pour voler, il alterne battements d'ailes et planage, ce qui lui confère une allure de rapace. Sa queue, bien visible en vol, est souvent ouverte en éventail.

Description : Grand oiseau (55 à 68 cm) au plumage noir bleuté, en broussaille au niveau du cou. Son bec robuste est légèrement recourbé. Le Grand Corbeau est beaucoup plus gros que la Corneille d'Amérique et il est généralement plus solitaire. Le nid, un grand panier construit de branches et garni d'herbes, de lichens et autres, est installé à l'intérieur des corniches des falaises ou des arbres, et il est réutilisé d'année en année. Il contient trois à sept œufs clairs avec des taches foncées. Se nourrit de charognes, d'invertébrés, de petits mammifères, d'oiseaux, d'amphibiens, de reptiles et de végétaux.

Chant : Croassement semblable à un *cr-r-ôk* ou *prôk*.

Habitat : Dunes, rivages, forêts, boisés et falaises côtières. Il peut vivre en Arctique comme dans le désert !

Aire de répartition : Amérique du Nord.

Aux Îles : Parfois de passage, **parfois résident permanent**, le Grand Corbeau fréquente l'ensemble du territoire, mais son lieu de prédilection est le Centre de gestion des matières résiduelles de Havre-aux-Maisons. Les migrateurs arrivent à la **fin de l'hiver**, et repartent en **novembre**.

Hirondelle de rivage (*Riparia riparia*)

Appellation locale : *Hirondelle des sables.*

Comportement : En période de nidification, le mâle escorte sa partenaire dans ses moindres déplacements. Le couple se partage également les tâches, s'affairant à creuser le terrier, aménager le nid, couver et protéger les jeunes. La ponte s'effectue à la fin du mois de mai. La couvaison des quatre œufs dure deux semaines et, après leur naissance, les oisillons reçoivent des soins constants de leurs parents jusqu'à leur envol, vers l'âge de sept semaines.

À la fin du mois de juillet, les diverses espèces d'hirondelles se rassemblent entre elles. En plein jour, les hirondelles effectuent des ballets aériens, exécutant spirales et boucles spectaculaires, avant de se percher pour la nuit.

Description : Plus petite hirondelle en Amérique du Nord (11 à 14 cm), plumage dorsal brun et collier sombre se démarquant nettement sur sa poitrine blanche. Vol irrégulier, plus papillonnant que celui des autres hirondelles. Le nid, construit dans une section élargie au fond d'un terrier, est composé de divers matériaux comme des herbes et des plumes d'oiseaux. Se nourrit d'insectes.

Chant : *Brrt* ou *trr-tri-tri* sec et répété ou en crépitement.

Habitat : Bord de l'eau, près des champs et des marais. Niche en colonie, dans les berges abruptes composées de sable ou dans les sablières.

Aire de répartition : Espèce répandue dans tout l'hémisphère Nord. **Hiverne** en Amérique du Sud, jusqu'au Brésil.

Aux Îles : Les populations qui **nichent** partout sur l'archipel, principalement dans les falaises de grès, arrivent **début mai** et repartent **début septembre**.

Pluvier argenté (*Pluvialis squatarola*)

Comportement : L'oiseau est un champion de la migration : il parcourt annuellement plus de 3 000 km pour atteindre ses terres d'hivernage ou de nidification.

Description : Limicole dodu et grand (26 à 34 cm), poitrine et cou noirs, dos clair et tacheté, queue et croupion blancs. Il devient grisâtre à la fin de la période de reproduction.

Chant : *Tlî-ou-î* ou *oui-eûr-î* geignard et doux.

Habitat : Plages côtières, abords des lagunes et vasières.

Aire de répartition : Hiverne dans le Sud et **niche** dans les régions arctiques.

Aux Îles : Il fait halte d'**août** à **novembre**, dans le pré salé du Havre-aux-Basques ainsi que dans les plaines du Barachois de Fatima et de la lagune de la Grande Entrée. Il est l'un des oiseaux de rivage le plus fréquemment observés aux îles de la Madeleine, mais il **ne niche pas** au Québec.

Comportements typiques des pluviers

La *ruse de l'aile brisée*

Les pluviers excellent dans l'art d'éloigner les intrus qui s'aventurent trop près du nid. En présence d'un danger, l'un des adultes émet des cris bruyants, et se dirige vers l'intrus en déployant ses ailes ou en volant. Si la menace persiste et se dirige vers sa progéniture, l'adulte feint une blessure à l'aile pour distraire le prédateur. Il espère ainsi être perçu comme une proie facile et impuissante, afin d'inciter l'intrus à s'élancer à sa poursuite. L'ayant attiré loin du nid, l'adulte reprendra miraculeusement son vol pour lui échapper à son tour. Rusé cet oiseau, n'est-ce pas ?

Stratégie d'alimentation

Grâce à leurs grands yeux, les pluviers ont une excellente vision, et peuvent ainsi facilement repérer leurs proies, alors que les bécasseaux, par exemple, détectent leurs proies en sondant le sol avec leur bec sensible.

Pluvier kildir (*Charadrius vociferous*)

Comportement : Pour séduire la femelle, le mâle chante bruyamment et parade au sol et en vol en laissant entrevoir son croupion et sa queue.

De la mi-mai au mois de juillet, les adultes s'affairent au nid qu'ils placent bien à découvert pour guetter les prédateurs de loin et détourner leur attention bien avant qu'ils ne puissent apercevoir la couvée. Une fois nés, les oisillons se nourrissent seuls mais bénéficient des soins parentaux, dont la couvaison, jusqu'à leur premier envol à l'âge de 40 jours.

Description : Double collier noir, bande blanche sur les ailes, croupion orangé visible en vol. Le nid, une dépression dans le sol garnie d'herbes, de cailloux et de bois, contient quatre œufs de couleur beige, tachetés de noir. Il se nourrit d'insectes et d'invertébrés nuisibles aux cultures, ce qui est bien utile !

Chant : *Kill-dîâ* puissant (d'où son nom), *dî-î* répété et geignard, *dî-dî-dî* répété et un *trill* bas.

Habitat : Berges et rivages, et contrairement aux autres limicoles, le Pluvier kildir fréquente aussi les champs, les pelouses et les terrains vagues.

Aire de répartition : Canada, centre du Mexique, Antilles et Pérou. Seules les populations nichant au Nord migrent.

Aux Îles : Niche sur l'ensemble du territoire, mais en petit nombre. On peut l'observer de la **fin avril** à la **fin août** (parfois jusqu'en octobre). La présence de populations nicheuses est récente aux Îles.

Pluvier semipalmé (*Charadrius semipalmatus*)

Comportement : Pour séduire la femelle, le mâle exécute un vol lent et planant qu'il accompagne d'un chant persistant. Le jeu de la séduction se poursuit ensuite au sol : les deux partenaires se font face et s'élancent l'un vers l'autre, ou marchent côte à côte en jacassant. Les couples sont généralement monogames.

De la fin mai au mois de juillet, le couple se partage la couvaison. À leur naissance, les petits sont aptes à quitter le nid et à chasser en trottinant, mais ils bénéficient des soins parentaux jusqu'à leur envol, à l'âge de quatre semaines.

En période de reproduction, le couple défend ardemment son territoire et, en cas de danger pour le nid, l'adulte essaie de détourner l'attention des prédateurs, en feignant d'avoir une aile brisée, se faisant ainsi passer pour une proie facile, plus intéressante.

Description : Petit pluvier bien en chair (16 à 19 cm), qui doit son nom aux palmures entre ses doigts. Son dos est brun, son collier noir, sa poitrine blanche et ses pattes orangées. Son bec orangé dont l'extrémité est noire, s'assombrit en hiver. Le nid, une dépression creusée par le mâle dans le sable, le gravier ou les algues, contient généralement quatre œufs. Se nourrit d'invertébrés aquatiques, et n'hésite pas à piétiner vigoureusement le sol afin de forcer à en sortir les proies qui se cachent dans le sable ou la vase.

Chant : *Tchioui* ou *tou-li*, geignard et doux dont la deuxième note est plus aiguë.

Habitat : Rivages et estrans.

Aire de répartition : Hiverne dans le sud des États-Unis, en Amérique centrale et en Amérique du Sud. **Niche** généralement en Arctique.

Aux Îles : Quelques rares individus y **nichent** ; ils arrivent tôt, dès la **mi-mai**. On observe les migrateurs de la **mi-juillet** à la **mi-octobre** sur l'ensemble du territoire, mais principalement dans le secteur de la baie du Havre aux Basques.

Pluvier siffleur (*Charadrius melodus*)

Espèce en péril

Statut de l'espèce : Espèce désignée en *voie de disparition* au Canada et *menacée* au Québec. Grâce à la *Loi sur les espèces en péril* du Canada, des efforts de protection sont déployés aux Îles afin de contribuer à sa survie.

Patrimoine : Début 1900, les œufs de pluviers étaient récoltés pour être consommés et ils étaient aussi prisés des collectionneurs. La décroissance de la population des Pluviers siffleurs commença à se faire sentir au milieu du siècle. Plus tard, l'activité humaine, notamment la circulation motorisée et l'accroissement du nombre de visiteurs sur les plages, commença à perturber les activités de reproduction de l'espèce. À présent, afin de favoriser la survie des jeunes, il est conseillé d'éviter de circuler dans le haut des plages et de demeurer, le plus possible, à au moins 50 mètres des nids.

Comportement : Pour séduire la femelle, le mâle exécute une surprenante marche au pas cadencé. À leur arrivée en avril, les couples se mettent en quête de leur site de ponte, se disputant ardemment les meilleurs.

La nidification a lieu de la mi-mai à la mi-juillet. Le mâle et la femelle couvent les œufs à tour de rôle, 24 heures par jour pendant environ 28 jours. Les jeunes sont aptes à quitter le nid tôt après leur naissance, et ils se nourrissent alors seuls. Toutefois ils bénéficient des soins parentaux jusqu'à leur envol à l'âge de quatre semaines.

Mâle et femelle participent à la défense du territoire. Les adultes défendent leur couvée en criant et en feignant une blessure pour détourner l'attention des prédateurs si nécessaire. Si un oiseau a ce drôle de comportement devant vous, c'est signe que vous êtes trop proche de son nid ou de ses jeunes. Il suffit de s'éloigner pour mettre fin au dérangement.

Le pluvier marche les pattes tournées vers l'intérieur, laissant sur la plage une empreinte caractéristique.

Description : Plumage dorsal de couleur *sable sec*, poitrine et ventre blancs, collier noir parfois incomplet, bande noire au-dessus du front, pattes d'un vif orangé et bec orangé s'assombrissant en hiver. Le Pluvier siffleur mesure entre 15 et 19 cm. Le nid, une dépression dans le sable, contient généralement quatre œufs chamois tachetés de brun. Se nourrit d'invertébrés aquatiques et terrestres.

Chant : Sifflement mélodieux, *pip-lo*, dont la première syllabe est plus aiguë que la deuxième.

Habitat : Grèves sablonneuses parsemées de cailloux et de coquillages, aux abords de la mer.

Aire de répartition : Hiverne dans le sud des États-Unis, plus rarement à Cuba, dans les Bahamas et aux Antilles. **Niche** aux îles de la Madeleine, dans les Maritimes, sur la côte est des États-Unis, autour des Grands Lacs et dans les Prairies.

Aux Îles : On peut l'observer sur presque toutes les plages et estrans des Îles, du **début avril** à la **fin août**.

Liste des oiseaux observés aux îles de la Madeleine

Une collaboration du Club d'ornithologie des îles de la Madeleine

Alouettes : Alouette hausse-col

Bécasseaux et chevaliers : Grand chevalier, Petit chevalier, Chevalier solitaire, Chevalier semipalmé, Chevalier grivelé, Courlis corlieu, Courlis à long bec, Barge hudsonnienne, Barge marbrée, Bécasseau maubèche, Bécasseau sanderling, Bécasseau semipalmé, Bécasseau d'Alaska, Bécasseau minuscule, Bécasseau à croupion blanc, Bécasseau de Baird, Bécasseau à poitrine cendrée, Bécasseau violet, Bécasseau variable, Bécasseau à échasses, Bécasseau roussâtre, Combattant varié, Bécassin roux, Bécassin à long bec, Bécasseau à col roux, Bécasseau cocorli, Bécassine de Wilson, Bécasse d'Amérique

Carouges, quiscales et orioles : Carouge à épaulettes, Carouge à tête jaune, Vacher à tête brune, Quiscale rouilleux, Quiscale bronzé, Goglu des prés, Sturnelle des prés, Oriole du Nord

Colibris : Colibris à gorge rubis

Cormorans : Grand cormoran, Cormoran à aigrettes

Corneilles et geais : Corneille d'Amérique, Grand corbeau, Geai bleu, Mésangeai du Canada

Coulicous : Coulicou à bec noir, Coulicou à bec jaune

Engoulevents : Engoulevent d'Amérique

Éperviers, buses et aigles : Balbuzard pêcheur, Pygargue à tête blanche, Busard Saint-Martin, Épervier brun, Épervier de Cooper Autour des palombes, Petite buse, Buse à queue rousse, Buse pattue

Étourneaux : Étourneau sansonnet

Faisans et perdrix : Faisan de Colchide, Perdrix choukar

Faucons : Crécerelle d'Amérique, Faucon émerillon, Faucon pèlerin, Faucon gerfaut

Fous : Fous de Bassan

Gobe moucherons et roitelets : Gobe moucheron gris-bleu, Roitelet à couronne dorée, Roitelet à couronne rubis

Grèbes : Grèbe à bec bigarré, Grèbe esclavon, Grèbe jougris

Grimpereaux : Grimpereau brun

Grives, merles et autres : Traquet motteux, Solitaire de Townsend, Merle bleu de l'Est, Merle bleu azuré, Grive fauve, Grive à joues grises, Grive à dos olive, Grive solitaire, Grive des bois, Merle d'Amérique

Gros-becs, cardinaux et bruants : Gros-bec errant, Cardinal rouge, Cardinal à poitrine rose, Passerin indigo, Guiraca bleu, Dickcissel d'Amérique, Tohi à flancs roux, Bruant hudsonien, Bruant familier, Bruant des champs, Bruant vespéral, Bruant à joues marrons, Bruant noir et blanc, Bruant des prés, Bruant de Nelson, Bruant fauve, Bruant chanteur, Bruant de Lincoln, Bruant des marais, Bruant à gorge blanche, Bruant à couronne blanche, Bruant à face noire, Bruant des plaines, Junco ardoisé, Bruant lapon, Bruant des neiges, Bec-croisé bifascié, Bec-croisé rouge, Sizerin flammé, Sizerin blanchâtre, Roselin pourpré, Roselin familier, Dur-bec des sapins, Chardonneret jaune, Tarin des pins

Grues et tantales : Grue du Canada, Tantale d'Amérique

Hérons et butors : Butor d'Amérique, Grand héron, Grande aigrette, Aigrette neigeuse, Aigrette bleue, Héron garde-bœufs, Héron vert, Bihoreau gris, Bihoreau violocé, Aigrette tricolore

Hiboux et chouettes : Petit-duc maculé, Harfang des neiges, Chouette épervière, Chouette rayée, Hibou moyen-duc, Hibou des marais, Chouette de Tengmalm, Petite nyctale

Hirondelles : Hirondelle noire, Hirondelle bicolore, Hirondelle de rivage, Hirondelle à front blanc, Hirondelle rustique

Huîtriers et avocettes : Huîtrier d'Amérique, Avocette d'Amérique, Échasse d'Amérique

Ibis : Ibis falcinelle, Ibis blanc

Jaseurs : Jaseur boréal, Jaseur d'Amérique

Labbes : Labbe pomarin, Labbe parasite, Labbe à longue queue, Grand labbe

Martinets : Martinet ramoneur

Martins-pêcheurs : Martin-pêcheur d'Amérique

Mésanges : Mésange à tête noire, Mésange à tête brune

Moineaux : Moineau domestique

Mouettes, goéland et sternes : Mouette atricille, Mouette de Franklin, Mouette pygmée, Mouette rieuse, Mouette de Bonaparte, Goéland cendré, Goéland à bec cerclé, Goéland argenté, Goéland arctique, Goéland brun, Goéland bougmestre, Goéland marin, Mouette tridactyle, Mouette de Sabine, Sterne caspienne, Sterne caugek, Sterne de Dougall, Sterne pierregarin, Sterne arctique, Guiffette noire, Sterne Hansel

Moqueurs : Moqueur chat, Moque polyglotte, Moqueur roux

Océanites : Océanite de Wilson, Océanite cul-blanc

Oies, cygnes et canards : Flamant du Chili, Oie rieuse, Oie des neiges, Bernache cravant, Bernache du Canada, Sarcelle d'été, Canard branchu, Sarcelle d'hiver, Sarcelle d'hiver (Anas crecca-crccca), Canard noir, Canard colvert, Canard pilet, Sarcelle à ailes bleues, Canard souchet, Canard chipeau, Canard siffleur, Canard d'Amérique, Fuligule à dos blanc, Fuligule à tête rouge, Fuligule à collier, Fuligule milouinan, Petit fuligule, Eider à duvet, Eider à tête grise, Arlequin plongeur, Harelde kakawi, Macreuse noire, Macreuse à front blanc, Macreuse brune, Garrot à œil d'or, Garrot d'Islande, Petit garrot, Harle couronné, Grand harle, Harle huppé, Érismature rousse

Parulines : Paruline à ailes dorées, Paruline obscure, Paruline verdâtre, Paruline à joues grises, Paruline à collier, Paruline jaune, Paruline à flancs marron, Paruline à tête cendrée, Paruline tigrée, Paruline bleue, Paruline à croupion jaune, Paruline à gorge noire, Paruline à gorge orangée, Paruline des pins, Paruline à couronne rousse, Paruline à poitrine baie, Paruline rayée, Paruline noir et blanc, Paruline flamboyante, Paruline orangée, Paruline couronnée, Paruline des ruisseaux, Paruline hochequeue, Paruline à gorge grise, Paruline triste, Paruline masquée, Paruline à calotte noire, Paruline du Canada, Parulin des prés

Pélicans : Pélican brun

Phalaropes : Phalarope de Wilson, Phalaropes à bec étroit, Phalaropes à bec large

Pics : Pic à tête rouge, Pic à ventre roux, Pic maculé, Pic mineur, Pic chevelu, Pic tridactyle, Pic à dos noir, Pic flamboyant

Pies-grièches : Pie-grièche grise, Pie-grièche migratrice

Pigeons et tourterelles : Pigeons biset, Tourterelle triste, Tourterelle à ailes blanches

Pingouins et guillemots : Mergule nain, Guillemot marmette, Guillemot de Brünnich, Petit pingouin, Guillemot à miroir, Macareux moine

Pipits : Pipit d'Amérique

Plongeons : Plongeon catmarin, Plongeon huard, Plongeon du Pacifique

Pluviers et tournepierres : Pluvier argenté, Pluvier bronzé, Pluvier semipalmé, Pluvier siffleur, Pluvier kildir, Tournepierre à collier

Puffins et fulmars : Fulmar boréal, Puffin cendré, Puffin majeur, Puffin fuligineux, Puffin des Anglais

Râle, Poule-d'eau et foulques : Râle jaune, Râle de Virginie, Marouette de Caroline, Gallinule poule-d'eau, Talève violacée, Foulque d'Amérique

Sittelles : Sittelle a poitrine rousse, Sittelle à poitrine blanche

Tangaras : Tangara vermillon, Tangara écarlate, Tangara à tête rouge

Tétras : Tétras du Canada

Troglodytes : Troglodyte de Caroline, Troglodyte mignon, Troglodyte des marais

Tyrans et moucherolles : Moucherolle à côtés olive, Pioui de l'Est, Moucherolle à ventre jaune, Moucherolle des aulnes, Moucherolle des saules, Moucherolle tchébec, Moucherolle phébi, Tyran de l'Ouest, Tyran huppé, Tyran tritri

Vautours : Urubu à tête rouge

Viréos : Viréo à tête bleue, Viréo mélodieux, Viréo de Philadelphie, Viréo aux yeux rouges

Le **Club d'ornithologie des îles de la Madeleine** a produit une brochure qui contient une liste des oiseaux observables aux Îles. Cette liste comprend des annotations indiquant le statut des oiseaux et la meilleure période pour les observer. La brochure est disponible au bureau de Tourisme Îles de la Madeleine. Le club propose également une carte de l'archipel répertoriant les différents sites d'intérêt pour l'ornithologie. Voir : http://www.tourismeilesdelamadeleine.com/magdalen-islands/micro_ornitho.cfm

Notes personnelles - Observation des oiseaux

Si vous désirez conserver un souvenir de certains oiseaux que vous avez observés, ce qui suit devrait vous y aider.

Date : _____ Heure : _____ Durée (min.) : _____

Lieu : _____ Type d'habitat : _____

Espèce : _____

Observations : _____

_____

Date : _____ Heure : _____ Durée (min.) : _____

Lieu : _____ Type d'habitat : _____

Espèce : _____

Observations : _____

_____

Date : _____ Heure : _____ Durée (min.) : _____

Lieu : _____ Type d'habitat : _____

Espèce : _____

Observations : _____

_____

Date : _____ Heure : _____ Durée (min.) : _____

Lieu : _____ Type d'habitat : _____

Espèce : _____

Observations : _____

_____

Date : _____ Heure : _____ Durée (min.) : _____

Lieu : _____ Type d'habitat : _____

Espèce : _____

Observations : _____

_____

Date : _____ Heure : _____ Durée (min.) : _____
Lieu : _____ Type d'habitat : _____
Espèce : _____
Observations : _____
_____

Date : _____ Heure : _____ Durée (min.) : _____
Lieu : _____ Type d'habitat : _____
Espèce : _____
Observations : _____
_____

Date : _____ Heure : _____ Durée (min.) : _____
Lieu : _____ Type d'habitat : _____
Espèce : _____
Observations : _____
_____

Date : _____ Heure : _____ Durée (min.) : _____
Lieu : _____ Type d'habitat : _____
Espèce : _____
Observations : _____
_____

Date : _____ Heure : _____ Durée (min.) : _____
Lieu : _____ Type d'habitat : _____
Espèce : _____
Observations : _____
_____

Date : _____ Heure : _____ Durée (min.) : _____
Lieu : _____ Type d'habitat : _____
Espèce : _____
Observations : _____
_____

Date : _____ Heure : _____ Durée (min.) : _____

Lieu : _____ Type d'habitat : _____

Espèce : _____

Observations : _____

_____

Date : _____ Heure : _____ Durée (min.) : _____

Lieu : _____ Type d'habitat : _____

Espèce : _____

Observations : _____

_____

Date : _____ Heure : _____ Durée (min.) : _____

Lieu : _____ Type d'habitat : _____

Espèce : _____

Observations : _____

_____

Date : _____ Heure : _____ Durée (min.) : _____

Lieu : _____ Type d'habitat : _____

Espèce : _____

Observations : _____

_____

Date : _____ Heure : _____ Durée (min.) : _____

Lieu : _____ Type d'habitat : _____

Espèce : _____

Observations : _____

_____

Date : _____ Heure : _____ Durée (min.) : _____

Lieu : _____ Type d'habitat : _____

Espèce : _____

Observations : _____

_____

Date : _____ Heure : _____ Durée (min.) : _____
Lieu : _____ Type d'habitat : _____
Espèce : _____
Observations : _____
_____

Date : _____ Heure : _____ Durée (min.) : _____
Lieu : _____ Type d'habitat : _____
Espèce : _____
Observations : _____
_____

Date : _____ Heure : _____ Durée (min.) : _____
Lieu : _____ Type d'habitat : _____
Espèce : _____
Observations : _____
_____

Date : _____ Heure : _____ Durée (min.) : _____
Lieu : _____ Type d'habitat : _____
Espèce : _____
Observations : _____
_____

Date : _____ Heure : _____ Durée (min.) : _____
Lieu : _____ Type d'habitat : _____
Espèce : _____
Observations : _____
_____

Date : _____ Heure : _____ Durée (min.) : _____
Lieu : _____ Type d'habitat : _____
Espèce : _____
Observations : _____
_____

Cahier spécial sur les principales

Algues et plantes

des milieux marin et dunaire

Nous vous invitons à découvrir certaines espèces d'algues et de plantes susceptibles d'être observées dans les milieux marin et dunaire de l'archipel. Cependant, comme les informations présentées ici ne permettent pas d'identifier, hors de tout doute, les plantes et les algues, si vous en récoltez, il est essentiel de vous assurer d'avoir bien identifié les spécimens. Il est donc préférable de vous munir d'un guide d'identification des plantes car des espèces toxiques peuvent avoir le même aspect que les plantes que nous décrivons et, parfois même, elles peuvent cohabiter avec ces dernières.

Aussi, si vous souhaitez aller ramasser des algues et des plantes, afin de ne pas récolter de spécimens contaminés, il est préférable d'éviter certains endroits : les lieux recevant des déversements d'égouts, les abords des routes, les champs aspergés de pesticides ou d'engrais chimiques et la proximité d'un dépotoir.

De façon générale, il est toujours souhaitable de minimiser notre impact sur les plantes et leur environnement. Il est possible d'y parvenir en adoptant des pratiques respectueuses et orientées vers la conservation des ressources. En voici quelques-unes :

:: utiliser les sentiers existants pour ne pas nuire à la flore ni à la faune ;

:: privilégier une cueillette manuelle ;

:: ne jamais cueillir un spécimen isolé ;

:: ne cueillir que quelques feuilles par plant ;

:: laisser quelques fruits et fleurs sur les plantes annuelles ;

:: ne déraciner une plante qu'en cas d'utilisation spécifique de la partie souterraine.

Enfin, dans certaines zones délimitées, comme les réserves naturelles, tout prélèvement d'espèce vivante est interdit. Les espèces protégées, menacées et en péril ne doivent, bien sûr, pas être cueillies.

Bonne exploration !

Pour en découvrir davantage sur les algues et les plantes, nous vous invitons à vous procurer l'un des guides d'identification existants pour le Québec.

Sommaire

Nous vous présentons ici quelques algues et une des plantes que l'on trouve aux Îles en milieu marin. Il en existe bien d'autres, mais pourquoi ne pas essayer d'identifier celles-ci lors d'une promenade sur la plage ?

Algues et plante du milieu marin

Algues

Ascophylle noueuse (*Ascophyllum nodosum*)

Utilisation culinaire : Cette algue est comestible, bien que son goût laisse à désirer. Sa forte teneur en vitamine C et ses propriétés thérapeutiques lui valent néanmoins d'être prisée par certains.

Utilisation médicinale : À cause de son effet bourratif et de son contenu en iode, l'algue peut contribuer à contrer l'obésité, particulièrement si cette obésité est liée à l'hypothyroïdisme. On en extrait également un liquide brun utilisé contre les rhumatismes, les foulures et les entorses. L'algue produit aussi une molécule antibiotique.

Description : Algue vivace (de 0,5 à 3 mètres de long) formant de grandes colonies denses. D'un vert kaki foncé et d'une texture caoutchouteuse, ses longs rubans étroits et ramifiés sont munis de petits flotteurs verts gonflés d'air. En hiver et au début du printemps, des réceptacles jaunâtres, à la texture bosselée, apparaissent sur l'extrémité des ramifications. Ils sont destinés à la reproduction, et ils se détachent une fois le processus de reproduction terminé.

Habitat : Sur les rochers et le bois de plage, dans la zone située entre la marée haute et la marée basse, généralement dans les milieux stables peu perturbés par les tempêtes et l'abrasion des glaces. En milieu plus exposé, elle s'associe aux algues Fucus.

Patrimoine : Certains Inuits du Groenland s'en nourrissent encore. Cette algue est également utilisée dans l'emballage des fruits de mer et du homard vivant. Dans certaines îles écossaises, les réceptacles échoués sont utilisés pour nourrir les porcs.

Laitue de mer (*Ulva lactuca*)

Utilisation culinaire : Possédant la même saveur que la laitue, elle peut être consommée fraîche ou séchée. Elle se marie bien avec les soupes et les salades, et elle se déguste frite comme des croustilles. Pour ce faire, séchez à moitié les algues et coupez-les en lanières avant de les mettre dans la friteuse. Faites attention car l'humidité des algues provoque un jaillissement d'huile bouillante au début de la cuisson.

Utilisation médicinale : En Extrême-Orient, la Laitue de mer est utilisée dans la préparation de certains médicaments.

Description : Algue vert clair, ondulée sur les bords (50 cm de haut). L'épaisse membrane peut être percée de trous.

Habitat : On l'aperçoit dans les eaux salées ou saumâtres des milieux calmes et modérément exposés au vent. Elle peut s'être fixée ou flotter librement. Des thalles libres se retrouvent dans les lagunes et les baies.

Patrimoine : En Europe, elle était principalement utilisée comme nourriture, en temps de famine. Aujourd'hui, la laitue de mer est utilisée comme fertilisant organique pour les jardins.

Laminaire à long stipe (*Laminaria longicruris*)

Utilisation culinaire : Les algues laminaires sont peu consommées par les occidentaux, mais leur utilisation est fréquente au Japon. Selon les coutumes orientales, on les infuse en thé, on en fait des croustilles ou on les apprête en marinade. On enroule également le poisson séché dans un morceau d'algue séchée, que l'on ramollit légèrement dans l'eau, et que l'on cuit dans un bouillon de soupe ou de sauce soya.

Utilisation médicinale : Comme toutes les algues, les laminaires ont des propriétés laxatives. Elles contiennent plusieurs substances utilisées en médecine, comme l'acide acrylique, un antibiotique efficace.

Description : Algue brune de grande taille composée d'une large bande en forme de feuille géante (de 3 à 12 mètres de long) soutenue par une longue queue appelée stipe (de 1,5 à 2 mètres de long), se terminant par un crampon ramifié. Fait surprenant, cette laminaire peut pousser de 3 cm par jour. Les stipes sont souples dans l'eau mais se raidissent en séchant et peuvent faire office de canne ou de manche à couteau !

Habitat : Elle se fixe aux rochers et aux structures de bois et pousse en eau peu profonde, juste sous le niveau des marées basses. Elle forme parfois des prairies sous-marines.

Patrimoine : Les laminaires ont servi de fourrage d'appoint pour le bétail. À l'île aux Coudres, une croyance voulait que les laminaires s'échouent seulement sur les plages au cours des hivers où le foin venait à manquer.

Main-de-mer palmée (*Palmaria palmata*)

Utilisation culinaire : Cette algue est appréciée pour son goût sucré. On la consomme crue ou cuite, fraîche ou séchée. On la mange frite, en croustilles, bouillie, comme légume d'accompagnement ou encore, intégrée à divers plats tels que les spaghettis et les rouleaux impériaux. Dans la baie de Fundy, elle est récoltée, séchée et vendue sous le nom de dulse. En Écosse, on la chique, et au Kamchatka, on en fait une liqueur alcoolisée.

Cueillez l'algue après les tempêtes ou les grandes marées basses, et nettoyez-la à l'eau saléc car l'usage d'eau douce lui ferait perdre les minéraux qu'elle contient. Faites-la sécher rapidement, et conservez-la dans un contenant hermétique pour éviter qu'elle n'absorbe de l'humidité.

Utilisation médicinale : Riche en iode, vitamines B1 et C, elle fut longtemps utilisée comme vermifuge, mais se trouve aujourd'hui supplantée par d'autres médicaments.

Description : Algue de couleur rouge pourpre, plutôt épaisse. Elle est pourvue d'un pied à la base et les thalles qui se divisent en lobes allongés et bien découpés, sont semblables aux doigts d'une main (50 cm de haut).

Habitat : Elle se fixe sur les roches ou sur les algues laminaires depuis la zone inférieure des marées, jusqu'à 19 mètres de profondeur. On l'aperçoit fréquemment échouée sur le bord des plages.

Patrimoine : Dans certains pays d'Europe, cette algue est récoltée depuis le Xe siècle.

Mousse d'Irlande crépue (*Chondrus crispus*)

Utilisation culinaire : On peut concocter une excellente gelée maison à partir de cette algue. Pour cela, il suffit de mettre 100 ml de l'algue séchée dans de l'eau froide pendant 15 minutes pour la faire gonfler, puis de la cuire 30 minutes au bain-marie dans 1 litre de lait additionné de sel, de vanille ou d'une autre essence. On réfrigère ensuite le liquide pendant plusieurs heures dans des moules, et le tour est joué !

Utilisation médicinale : L'algue a des propriétés anticoagulantes, en plus d'être efficace contre la diarrhée, la dysenterie et les ulcères d'estomac. Une décoction de 5 g de la plante séchée dans 1 litre d'eau bouillante pendant 10 minutes, est efficace contre les maux de gorge et les irritations de l'estomac et de l'intestin. Il suffit de se gargariser la bouche avec l'infusion une fois refroidie.

Description : Petite algue rouge (15 cm de haut) arborant de nombreuses ramifications terminales touffues. Elle devient brune, crème, blanche ou rose lorsqu'elle s'échoue sur la plage. Elle pousse généralement en thalle.

Habitat : On la trouve souvent fixée aux roches, aux coquillages et à des bouts de bois, depuis la partie inférieure de la zone des marées, jusqu'à environ 15 mètres sous l'eau.

Patrimoine : Un extrait brut, nommé huile de lichen et obtenu par ébullition, servait de succédané de matière grasse et de crème à main. On utilise également la Mousse d'Irlande dans les brasseries pour clarifier la bière. Dans les Maritimes, on en fait une récolte commerciale à partir de petites embarcations qui traînent des râteaux spéciaux sur les fonds rocheux ; cette pratique est réglementée par la *Loi sur les pêcheries*.

Sous-produits des algues dans l'industrie

Transformation alimentaire

Les algues produisent des substances visqueuses qui transforment les liquides en gelées. On les utilise notamment dans les confitures, les garnitures de tarte, la crème glacée, les laits aromatisés, la crème de table, les vinaigrettes, les conserves de poisson, les charcuteries, etc.

Utilisation pharmaceutique

Les molécules extraites des algues peuvent être de puissantes alliées en santé. On emploie par exemple la *laminarine* comme agent réducteur de la pression sanguine, sans influencer le pouls. Le *mannitol*, non digestible mais qui offre un goût sucré, est ajouté à certains aliments pour personnes diabétiques ainsi que dans certaines gommes à mâcher. Pour ses propriétés anticoagulantes, on emploie la *laminarane* dans la prévention de l'artériosclérose. La consommation d'*algine* qui forme des amalgames insolubles avec les métaux lourds comme le plomb, le cadmium et le zinc, permet de purifier l'organisme des personnes intoxiquées par ces métaux.

Autres

Plusieurs des produits que l'on utilise quotidiennement intègrent des sous-produits des algues. Ils entrent dans la composition des textiles que nous revêtons, des papiers glacés et de l'encre d'imprimerie, de la peinture et de la colle des panneaux de bois, des produits de beauté, etc.

Plante

Zostère marine (*Zostera marina*)

Appellation locale : *Herbe à outarde, arboutarde.*

Description : Plante herbacée pouvant être annuelle ou vivace (0,5 mètre de haut). Elle est munie de longues et étroites feuilles vertes, et elle possède des tiges souterraines couvertes de petites et fragiles racines. Lors de la floraison, le pollen est disséminé et transporté par les mouvements de l'eau, et il peut rester en suspension plusieurs jours. Les fruits allongés ne contiennent généralement qu'une graine. Échouée sur les plages, la plante forme des amas de feuilles séchées et noircies. Souvent identifiée à tort comme une algue, cette plante à fleurs est l'une des rares espèces de la planète qui supportent la submersion continuelle dans l'eau salée.

Habitat : Sensible à la baisse de lumière et au déracinement, elle pousse en colonies dans l'eau salée peu profonde et à l'abri des vents et des courants. Elle colonise les estuaires, les plans d'eau intérieurs, comme les lagunes et les baies, préférant le sable ou la vase.

Patrimoine : Autrefois, les Madelinots utilisaient la Zostère marine séchée pour isoler les murs de leur maison ou pour en faire des *paillasses*, une sorte de matelas formé d'un sac de toile rempli de paille ou de zostère.

Eh oui ! C'est une plante !

Bien qu'elle pousse immergée dans l'eau salée, la Zostère marine n'est pas une algue mais bien une plante.

- Des racines lui permettent de se fixer au sol, alors que les algues sont pourvues d'un crampon ou d'un pied qui se fixe aux structures solides.
- Ses modes de reproduction sont propres aux végétaux. De nouveaux individus peuvent émerger sur les tiges souterraines (mode asexué) ou germer à partir des graines produites suite à la pollinisation des fleurs entre individus différents (mode sexué). Chez les algues, les cellules reproductrices (ovules et spermatozoïdes) sont relâchées dans l'eau.

Plantes du milieu dunaire

Airelle à feuilles étroites (*Vaccinium angustifolium*)

Appellation locale : *Bleuet*.

Utilisation culinaire : Les bleuets sont excellents cuits, frais ou séchés, en dessert ou transformés en boisson.

Utilisation médicinale : Rempli d'antioxydants, le bleuet contribue à prévenir les infections du système urinaire, les maladies cardiovasculaires, les cancers et les problèmes liés au vieillissement. Le fruit semble également avoir une action efficace contre l'inflammation des muqueuses, et une infusion des feuilles peut être utilisée pour soigner la diarrhée.

Description : Petit arbuste (30 cm de haut) formant des buissons. Les jeunes tiges sont légèrement velues. Les feuilles se colorent à l'automne, et les fleurs printanières sont blanches ou rosées, en forme de clochettes. Le fruit mûr est couvert d'une poudre qui lui donne une couleur bleue.

Habitat : Milieux aux conditions très différentes, pouvant aller des sols très secs et sablonneux, aux sols très humides des tourbières.

Patrimoine : Les Madelinots en font des gelées, des confitures, des desserts et des boissons sucrées. Aux Îles, on récolte le fruit au mois d'août, alors qu'il est bien charnu et presque noir.

Airelle à gros fruits (*Vaccinium macrocarpon*)

Appellation locale : *Pomme de pré (de prée), canneberge, graine* ou *gros atoca*.

Utilisation culinaire : Frais, les fruits ont un goût acidulé. Mais au fur et à mesure qu'ils subissent des gels, ou si on les cuit, ils perdent de leur acidité. Séchés, ils peuvent remplacer les raisins secs. Les gelées et confitures de canneberges accompagnent bien la volaille et le gibier. Les baies se marient agréablement avec les agrumes, les pommes et les poires.

Utilisation médicinale : Les canneberges contiennent beaucoup d'antioxydants ainsi que des vitamines C et A. Elles contribuent ainsi à la prévention des maladies cardiovasculaires, des cancers et des problèmes liés au vieillissement. De plus, ces fruits aident à prévenir les infections urinaires, et il semble que l'infusion des feuilles puisse permettre de prévenir les nausées.

Description : Arbuste rampant (longueur des tiges : de 2 à 3 mètres) dont les fruits rouges atteignent leur maturité en automne. Leur taille paraît démesurée comparativement aux fines branches qui les soutiennent. Le feuillage de la plante demeure vert toute l'année, même sous la neige.

Habitat : Dans les dépressions des milieux humides.

Patrimoine : Chaque automne, les Madelinots continuent *d'aller aux graines* ou *d'aller aux pommes de pré*. Vous les apercevrez penchés sur leur butin, au bord des routes, près de milieux humides. Autrefois, la plupart les récoltaient en famille, pour leur propre plaisir. Les routes étaient loin d'être ce qu'elles sont, et *aller aux graines* nécessitait toute une organisation. Certains en exportaient néanmoins à Québec, et une petite entreprise en assure encore la commercialisation.

Aux Îles, on les cueille **dès le début de l'automne**, de préférence lorsque surviennent les premiers gels.

Airelle vigne d'Ida (*Vaccinium vitis-idaea*)

Appellation locale : *Berri, béri, berry.*

Utilisation culinaire : Ces fruits au goût acide peuvent être cuisinés comme les canneberges.

Utilisation médicinale : Une consommation régulière des fruits prévient les infections urinaires, et facilite l'absorption du calcium, minimisant ainsi les risques d'ostéoporose. Les fruits sont également utilisés pour maintenir les systèmes circulatoire et digestif en santé.

Description : Arbuste rampant nain (2 cm de haut) aux feuilles épaisses demeurant vertes sous la neige. Les fruits sont blancs au début de l'été, et deviennent rouges à la fin juillet. Ils restent accrochés au plant en hiver.

Habitat : Lieux secs et sablonneux, comme les dunes, les buttes et les falaises.

Patrimoine : Les Madelinots consomment les fruits en confiture, sous la forme de jus ou de liqueur alcoolisée, et ils préfèrent les cueillir **juste avant les premiers gels d'automne**, sans quoi ils ramollissent. Les cabaretiers du nord de la France, quant à eux, les utilisaient autrefois pour colorer le vin blanc et lui donner un goût piquant. Étrangement, le nom *vigne d'Ida* fut donné à la plante en l'honneur du mont Ida en Crète, où elle ne pousse pourtant pas.

Ammophile à ligule courte (*Ammophila breviligulata*)

Appellation locale : *Foin de dune.*

Utilisation culinaire : La pointe des tiges souterraines, riche en sucre, peut servir de nourriture d'urgence aux promeneurs affamés ! On peut même en faire une farine au goût de blé. Il suffit de battre les épis afin d'en libérer les grains desquels on retire l'enveloppe en les rôtissant ou en les roulant entre les doigts. On moud ensuite les grains, et le tour est joué ! Il faut toutefois environ 150 épis pour faire 30 ml de farine…

ATTENTION : Un champignon toxique formant des masses dures et noires, l'Ergot du seigle, peut parfois se glisser sur l'épi.

Description : Graminée vivace (1 mètre de haut) aux feuilles vertes, longues et étroites, attachées à la base du plant. Longue tige portant un épi qui fleurit à la fin de l'été. La plante prend racine dans le sable, et ressemble à un fouet.

Habitat : En grec, *ammos* signifie sable et *philia* signifie amour. L'ammophile *aime le sable :* on la retrouve sur la partie haute de la plage et dans les dunes bordières.

Patrimoine : Les Madelinots l'utilisaient comme nourriture d'appoint pour les animaux, d'où l'appellation *foin de dune*. Les plants étaient coupés à la fin de l'été, puis rassemblés en ballots qu'on revenait prendre en hiver quand les glaces étaient assez solides pour supporter le poids de l'attelage. À cause de sa forte concentration en sel, on raconte que l'ammophile provoquait une grande soif chez les animaux.

Espèce en péril

Aster du golfe Saint-Laurent (*Symphyotrichum laurentianum*)

Statut de l'espèce : Espèce menacée au Québec et préoccupante au Canada.

Description : Petite plante annuelle (30 cm de haut) portant des feuilles vert pâle, étroites et un peu charnues. Même au moment de sa floraison, qui survient en septembre, l'espèce demeure discrète. En octobre, les fruits surmontés de soies blanches sont dispersés par l'eau et le vent.

Habitat : Marais salés en bordure des lagunes, sur un substrat sableux humide.

Les îles de la Madeleine abritent les plus grosses populations au monde de cette espèce qui ne pousse nulle part ailleurs au Québec.

Certaines espèces de plantes en péril ont la particularité de n'avoir qu'un seul lieu de répartition au Québec, à savoir les îles de la Madeleine. On trouve dans cette catégorie le **Bident différent** (*Bidens heterodoxa*) et le **Corème de Conrad** (*Corema conradii*).

Corème de Conrad (Corema conradii)

Bident différent (Bidens heterodoxa)

Camarine noire (*Empetrum nigrum*)

Appellation locale : *Goule noire.*

Utilisation culinaire : Les fruits se mangent à l'état frais, et leur goût s'améliore dès que se produit le premier gel. On peut en faire de la gelée ou du jus, en les mélangeant à d'autres fruits plus acides, comme les canneberges ou les framboises.

Utilisation médicinale : Les fruits peuvent apaiser les douleurs gastriques.

Description : Arbuste bas (15 cm de haut) ordonné en colonies denses. Ses branches sont munies d'aiguilles non piquantes et de petits fruits juteux noirs.

Habitat : Dunes fixées et falaises exposées au vent. Tourbières, près de mousses et de lichens.

Patrimoine : Les Madelinots fabriquaient une liqueur alcoolisée, des confitures et des desserts à partir des fruits. On les cueille **à partir du mois d'août, jusqu'aux premiers gels d'automne**. Les Inuits du Groenland, quant à eux, conservaient les fruits dans de l'huile de phoque.

Caquillier édentulé (*Cakile edentula*)

Utilisation culinaire : De la même famille que la moutarde, la plante dégage une odeur prononcée rappelant le raifort. Les fruits et les feuilles peuvent être consommés frais et en condiments pour relever les mets. Toutefois, gare aux papilles gustatives sensibles car, au goût, ils sont piquants et ils deviennent amers une fois cuits !

Utilisation médicinale : Autrefois, les marins qui séjournaient longtemps en mer préparaient une infusion d'une espèce cousine, le Caquillier maritime, pour prévenir le scorbut. Les deux espèces sont réputées pour leur haute teneur en vitamine C. L'infusion a aussi des propriétés apéritives et diurétiques, alors que les graines de la plante sont utilisées pour combattre les vers intestinaux.

Description : Plante annuelle de petite taille (25 cm de haut) et d'allure buissonnante. Ses grappes de fleurs blanches ou pourpres fleurissent en alternance. Les fruits verts sont allongés et séparés en deux sections comprenant chacune une graine, à l'intérieur d'une paroi épaisse et spongieuse.

Habitat : Sur la partie haute de la plage, dans le sable ou les cailloux ; dans les zones dévégétalisées des dunes bordières.

Fraisier de Virginie (*Fragaria virginiana*)

Appellation locale : *Petites fraises*.

Utilisation culinaire : Les fraises sont délicieuses en tout temps, fraîches ou cuisinées.

Utilisation médicinale : Sa forte teneur en antioxydants contribue à prévenir les maladies cardiovasculaires, les cancers et les problèmes liés au vieillissement.

Description : Petite plante vivace (10 cm de haut) souvent agencée en colonies et dont les tiges velues s'étendent au sol. Les feuilles ont trois folioles et les fleurs blanches à cinq pétales éclosent au milieu du printemps.

Habitat : Milieux secs et ouverts. Aux Îles, on les récolte dans les dunes semi-fixées et boisées, dans les champs et aux abords des forêts.

Patrimoine : La cueillette des fraises est une activité bien ancrée dans la culture madelinienne. Plusieurs dos s'en souviennent ! Traditionnellement, les femmes et les enfants s'acquittaient de cette tâche. On les récolte **de la fin juin au début du mois d'août**.

Genévrier commun (*Juniperus communis*)

Statut de l'espèce : Espèce candidate pour être reconnue comme espèce en péril au Canada, et susceptible d'être reconnue comme espèce menacée ou vulnérable au Québec.

Appellation locale : *Genève, jnève, chenève, genèvre, g'nèvre*.

Utilisation culinaire : Les fruits secs ont un goût résineux qui disparaît à la cuisson. Une fois séchés à l'air libre, ils peuvent aromatiser les choucroutes, les marinades ou les légumineuses. Les fruits séchés peuvent aussi être torréfiés au four, moulus puis utilisés comme succédané de café. Enfin, les baies du genévrier sont utilisées dans la fabrication du gin.

ATTENTION : Les fruits ont des propriétés abortives.

Utilisation médicinale : L'huile essentielle à base de Genévrier commun est diurétique, stimule l'appétit et facilite la digestion. Une décoction de 50 g de bois de genévrier diluée dans un litre d'eau peut aussi accélérer la cicatrisation des plaies. Les feuilles ont également des propriétés caustiques efficaces contres les tumeurs et les verrues.

Description : Conifère arbustif rampant (de 10 à 30 cm de haut) aux feuilles odorantes en forme d'aiguilles. Le fruit rond et charnu est couvert d'une couche cireuse bleu pâle. Les fruits des genévriers de l'archipel et des Maritimes sont reconnus pour leur grosseur.

Habitat : Falaises et dunes de sable, à proximité des milieux humides.

Patrimoine : Les Madelinots infusaient la plante et les fruits afin de soulager le mal d'estomac. Les fruits étaient aussi utilisés comme condiments ou friandises, et entraient dans la fabrication d'une boisson alcoolisée appelée *bière de chenève*, aussi connue sous le nom de *bière de genièvre* à Saint-Pierre et Miquelon.

En Inde, la fumée de genévrier est utilisée comme encens, alors qu'en Europe, elle servait autrefois à éloigner les mauvais esprits et à désinfecter les hôpitaux. Les fruits sont appréciés en tant que condiments, depuis l'époque de Babylone, vers 1 700 à 500 av. J.-C !

Livèche écossaise (*Ligusticum scoticum*)

Appellation locale : *Persil de mer* ou *céleri sauvage*.

Utilisation culinaire : Les jeunes feuilles du début de l'été et de la repousse automnale sont consommées fraîches, alors que les feuilles mûres, plus coriaces et amères, sont utilisées dans les ragoûts et les plats mijotés. Les graines mûres peuvent remplacer les graines de céleri dans les recettes, et les Inuits de l'Alaska les utilisent en assaisonnement pour le poisson. Une huile aromatisée à la livèche est produite aux Îles.

Description : De la famille de la carotte, la livèche est une herbacée vivace poussant en touffes (50 cm de haut), dont les feuilles d'aspect cireux ressemblent à celles du persil plat. Elle dégage une forte odeur de persil ou de céleri.

Habitat : En bordure de l'eau salée ou saumâtre, sur les rochers, les falaises, le sable et la vase.

Patrimoine : Jacques Cartier en nota la présence sur l'île Brion lors de ses voyages. Les marins qui séjournaient longtemps en mer l'appréciaient pour sa haute teneur en vitamine C, qui permettait de prévenir le scorbut.

Myrique de Pennsylvanie (*Myrica pensylvanica*)

Appellation locale : *Laurier sauvage*.

Utilisation culinaire : Les feuilles peuvent remplacer celles du laurier dans les plats.

Description : Arbuste (de 1 à 2 mètres de haut) formant des buissons au feuillage vert cireux très odorant qui rappelle le laurier. Les fruits issus de la fécondation des fleurs femelles sont groupés, petits et verts, devenant blancs et cireux à maturité.

Habitat : À l'occasion en forêt, mais plus fréquemment dans les milieux dunaires, où il est l'un des premiers arbustes à s'établir, généralement derrière la première crête dunaire. À l'automne, la chute de son feuillage contribue à enrichir le sol aride de l'arrière-dune. Au Québec, on ne le retrouve qu'aux Îles-de-la-Madeleine.

Patrimoine : Aux Îles, on produit des chandelles d'une qualité et d'un arôme extraordinaire à partir de la cire qui recouvre les fruits. Il suffit de déposer les fruits dans l'eau bouillante, puis de récolter à la surface de l'eau la cire qui s'en détache.

Rosier sauvage (*Rosa sp.*)

Appellation locale : *Églantier.*

Utilisation culinaire : Les pétales de roses peuvent aromatiser les gelées et les confitures, le vin, le vinaigre, certains desserts et friandises. Feuilles et pétales mélangés donnent également un excellent thé doux. Les fruits, riches en vitamine C, ont un goût léger qui se révèle dans le vin ou les confitures.

Utilisation médicinale : Riches en tanins, les infusions de pétales contribuent à soigner la diarrhée et, en gargarisme, soulagent les maux de gorge. Les pétales directement appliqués sur la peau en resserrent les pores, et en raffermissent le grain. Les fruits sont riches en antioxydants et en vitamine C.

Description : Arbuste vivace (de 1 à 2 mètres de haut) aux branches pourvues d'épines et dont les fleurs, d'ordinaire roses mais parfois blanches, exhalent une odeur très parfumée. De petits fruits charnus rouges ou orangés succèdent à la floraison.

Habitat : Le rosier colonise différents habitats. Aux Îles, on le rencontre parfois en forêt, mais plus fréquemment dans les milieux dunaires, derrière la dune bordière.

Patrimoine : Sa générosité en couleurs, formes et aromates lui vaut d'être l'une des plus anciennes espèces florales cultivées au monde. C'est lors de la cérémonie matrimoniale du calife Djihanguyr que fut découverte l'huile de rose, un composé aux effluves divins aujourd'hui très dispendieux, entrant notamment dans la composition de parfums. Alors que des pétales de rose recouvraient toutes les fontaines et canaux du jardin, l'action du soleil engendra l'apparition d'une couche de cette huile à la surface de l'eau, parfumant ainsi toute la cour.

Notes personnelles - Observation des algues et des plantes

Vous avez identifié une nouvelle algue ou une plante rare ? Gardez-en un souvenir en prenant quelques notes ci-dessous.

Lieu : _____ Type d'habitat : _____
Date : _____ Espèce : _____
Observations : _____
_____
_____

Lieu : _____ Type d'habitat : _____
Date : _____ Espèce : _____
Observations : _____
_____
_____

Lieu : _____ Type d'habitat : _____
Date : _____ Espèce : _____
Observations : _____
_____
_____

Lieu : _____ Type d'habitat : _____
Dato : _____ Ecpòco : _____
Observations : _____
_____
_____

Lieu : _____ Type d'habitat : _____
Date : _____ Espèce : _____
Observations : _____
_____
_____

Lieu : _____ Type d'habitat : _____

Date : _____ Espèce : _____

Observations : _____

_____

_____

Lieu : _____ Type d'habitat : _____

Date : _____ Espèce : _____

Observations : _____

_____

_____

Lieu : _____ Type d'habitat : _____

Date : _____ Espèce : _____

Observations : _____

_____

_____

Lieu : _____ Type d'habitat : _____

Date : _____ Espèce : _____

Observations : _____

_____

_____

Lieu : _____ Type d'habitat : _____

Date : _____ Espèce : _____

Observations : _____

_____

_____

Lieu : _____ Type d'habitat : _____

Date : _____ Espèce : _____

Observations : _____

_____

_____

Bibliographie

Agglomération des Îles-de-la-Madeleine (2008). *Schéma d'aménagement et de développement révisé*, Deuxième projet, PSAR 2, Version pour consultation, Article 56.6 LAU, 250 p.

Archambault, S. (2005). *Diagnostic régional Îles de la Madeleine, Synthèse socio-économique, historique et biophysique*, 101 p.

Association ecopains d'abord (2009). *Les oiseaux d'Amérique du Nord*,
[En ligne]. http://www.oiseaux.net/oiseaux/amerique.du.nord.html
(Page consultée le 21 janvier 2009)

Attention Fragîles (1992). Fradette, P. *Les oiseaux des Îles-de-la-Madeleine : population et sites d'observation*, Îles-de-la-Madeleine, 292 p.

Attention Fragîles (2004). *Guide de restauration et de protection des dunes des Îles-de-la-Madeleine*, Attention Fragîles, Îles-de-la-Madeleine, 135 p.

Attention Fragîles (2007). Denault, C. *Planète bleue : Îles vertes, Cahier d'apprentissage des milieux naturels des Îles de la Madeleine*, Îles-de-la-Madeleine, Éditions la Morue verte, 27 p.

Attention Fragîles (2008). Noël de Tilly, E. *Rapport pour la mise à jour des données relatives aux oiseaux marins des Îles de la Madeleine - volet culturel*, Attention Fragîles, 62 p.

Béliveau, R., Gingras, D. (2005). *Les aliments contre le cancer*, Éditions du Trécarré, 231 p.

Béliveau, R., Gingras, D. (2006). *Cuisiner avec les aliments contre le cancer*, Éditions du Trécarré, 272 p.

Bourque, P.-A. (2004). *Planète terre*, Site Web de l'Université Laval.
http://www.ggl.ulaval.ca/personnel/bourque/intro.pt/planete_terre.html
(Page consultée le 30 octobre 2008)

Chabot R., Rossignol A. (2003). *Algues et faune du littoral du Saint-Laurent maritime : Guide d'identification.*
Institut des sciences de la mer de Rimouski, Rimouski ; Pêches et Océans Canada (Institut Maurice-Lamontagne), Mont-Joli, 113 p.

Comité ZIP des Îles (2002). *Plan d'action et de réhabilitation écologique (PARE) des Îles-de-la-Madeleine*,
[En ligne]. http://www.zipdesiles.org/planpare.html
(Page consultée en mars et en avril 2009)

Comité ZIP des Îles (2003). *Atlas et Historique des ressources et des usages de la lagune de Grande-Entrée*, mars 2003, 33 p.

Comité ZIP des Îles (2003). *Atlas et Historique des ressources et des usages de la Baie du Havre-aux-Basques*, mars 2003, 32 p.

Comité ZIP des Îles (2003). *Atlas et Historique des ressources et des usages du Bassin aux Huîtres*, mars 2003, 14 p.

Comité ZIP des Îles de la Madeleine (2003). *Guide de bonnes pratiques pour la cueillette de la pomme de pré des Îles de la Madeleine* [dépliant].

De L'Orme, J.-C., Leblanc A. (1980). *Histoire populaire des Îles de la Madeleine*, Montréal, Éditions L'Aurore/Univers, 181 p.

Douady, S. and al. (2006). *Song of the dunes as a self-synchronized instrument*, Phys. Rev. Lett., vol. 97, N° 1,
[En ligne]. http://www.pmmh.espci.fr/fr/morphodynamique/papers/DouaPRL97_018002.pdf
(Page consultée le 26 février 2009)

Dufour, G. (2006). *Guide d'activité de sensibilisation et d'éducation à la zostère marine*,
Conseil régional de l'environnement de la Gaspésie et des Îles-de-la-Madeleine, Bonaventure, 154 p.

Éditeur de JME (2000). Adbusters. *Journal of the Mental Environment*, 8(2), numéro 30, p. 4, reçu le 3 avril 2009 de info@adbuster.org

Fleurbec (1985). *Plantes sauvages du bord de la mer, Guide d'identification Fleurbec*, Québec, Saint-Augustin, Fleurbec éditeur, 286 p.

Fleurbec (1981). *Plantes sauvages comestibles, Guide d'identification Fleurbec*, Québec, Saint-Augustin, Fleurbec éditeur, 167 p.

Fortier, S., Vigneau, A. (2004). *Welcome to the Magdalen Island Aquarium*, Aquarium des Îles, Îles-de-la-Madeleine, 68 p.

Fortin, J.C. (2004). *Les Îles-de-la-Madeleine, Les régions du Québec*, Éditions de l'IQRC, 190 p.

Fontaine, P.H. (2006). *Beautés et richesses des fonds du Saint-Laurent*, Québec, Éditions MultiMondes, 261 p.

Fontaine, P.H. (1992). *Sous les eaux du St-Laurent*, Québec, Éditions du plongeur, 195 p.

Fradette, P. (1990). *État de la population du Renard roux aux Îles-de-la-Madeleine*, Ministère du Loisir, de la Chasse et de la Pêche du Québec, Service de l'aménagement et de l'exploitation de la faune, Bas-Saint-Laurent, Gaspésie, Îles-de-la-Madeleine. Rapp. Tech., 37 p.

Frère Marie-Victorin, Rouleau, E., Brouillet, L. et Coll. (1995). *Flore Laurentienne, 3ᵉ éd.* Québec, Boucherville, Gaëtan Morin Éditeur ltée, 1093 p.

Gagnon, M. (1998). *Bilan régional - Îles-de-la-Madeleine. Zone d'intervention prioritaire 21.* Environnement Canada - région du Québec, Conservation de l'environnement, Centre Saint-Laurent. 78 p.

Gauthier, J., Aubry, Y. (sous la direction de) (1995). *Les Oiseaux nicheurs du Québec : Atlas des oiseaux nicheurs du Québec méridional.* Association québécoise des groupes d'ornithologues, Société québécoise de protection des oiseaux, Service canadien de la faune, Environnement Canada, région du Québec, Montréal, xviii+1295 p.

Geistdoerfer, A. (1987). *Pêcheurs acadiens, pêcheurs madelinots, ethnologie d'une communauté de pêcheurs*, Centre National de la Recherche Scientifique, Paris, Presses de l'Université Laval, Québec, 496 p.

Giles, P. T., King, M. C. (2001). *Canadian Landform Examples -- 41 : « Les Sillons » : A Relict Foredune Plain, The Canadian Geographer*, 45 (3), p. 437-441

Hubert, P. (1979). *Les Îles de la Madeleine et les Madelinots*, Éditions de la Source, 252 p.

Lagueux, L. (1983). *Petit guide de la plage - Document pédagogique destiné aux groupes scolaires et familiaux.* Service canadien de la faune, Québec, Rapport inédit, 68 p.

Lamoureux, G. (1973). *Contribution à l'étude écologique des dunes mobiles, Les Sillons, Îles-de-la-Madeleine, Québec,* thèse de maîtrise, Faculté de Foresterie et de Géodésie, Université Laval, Québec, 220 p.

Lamoureux, G. (2002). *Flore printanière*, Saint-Henri-de-Lévis, Québec, Fleurbec éditeur, 575 p.

Larocque, P., Fortin, J.-C. (1983). *Histoire des Îles-de-la-Madeleine*, Québec, Les Éditions de l'IQRC/PUL, 403 p.

Leim, A.H., Scott, W.B. (1972). *Poissons de la côte atlantique du Canada*, Office des pêcheries du Canada, Ottawa, 530 p.

Martijn, C.A. (sous la direction de) (1986). *Les Micmacs et la mer, Recherches amérindiennes au Québec*, Montréal, 343 p.

Musée de la Mer (1993). *Deux cents ans d'histoire, Album souvenir, Bicentenaire de l'établissement des Îles-de-la-Madeleine,* Îles-de-la-Madeleine, Musée de la Mer, 212 p.

Naud, C. (1999). *Dictionnaire des régionalismes du français parlé des îles de la Madeleine*, Québec, Îles-de-la-Madeleine, Éditions Vignaud, 310 p.

Ouranos, (2008). *Étude de la sensibilité des côtes et de la vulnérabilité des communautés du Golfe du Saint-Laurent aux impacts des changements climatiques,*
[En ligne]. http://www.ouranos.ca/media/publication/20_Rapport_Savard_maritime_2008.pdf
(Page consultée le 7 mai 2009)

Owens, E.H., Mccann, S.B. (1980). *The coastal geomorphology of the Magdalen Islands, Quebec,*
The Coastline of Canada ; Geological Survey of Canada, Ottawa : Commission géologique du Canada, Paper 80-10, pp. 51-72

Pêches et Océans Canada. *Le golfe du Saint-Laurent, Un écosystème unique,*
[En ligne]. http://www.glf.dfo-mpo.gc.ca/os/goslim-gigsl/index-f.php
(Page consultée en avril 2009)

Pêches et Océans Canada (2007). *À la recherche de la zostère marine,*
[En ligne]. http://www.glf.dfo-mpo.gc.ca/os/bysea-enmer/activities/activities-activites_31-f.php
(Page consultée le 3 mars 2009)

Pêches et Océans Canada (2008). *Le monde sous marin - Anguille d'Amérique,*
[En ligne]. http://www.dfo-mpo.gc.ca/zone/underwater_sous-marin/american_eel/eel-anguille-fra.htm
(Page consultée le 5 mars 2009)

Peterson, R. T. (1999). *Le guide des oiseaux du Québec et de l'Est de l'Amérique du Nord*, Québec, Boucherville, Édition Marcel Broquet inc., 387 p.

Prescott, J., Richard, P. (1996). *Mammifères du Québec et de l'Est du Canada*, Québec, Waterloo, Éditions Michel Quintin, 399 p.

RESCAPÉ (2005). Rétablir la vie sauvage : une invitation à participer au rétablissement des espèces au Canada. Ottawa (Ontario), 20 p.

Sciences et Avenir (2008). *Record de longévité,*
[En ligne]. http://tempsreel.nouvelobs.com/actualites/vivant/20071108.OBS3769/record_de_longevite.html
(Page consultée le 16 décembre 2008)

Service canadien de la faune/Fédération canadienne de la faune (2008). *Fiches d'information sur les oiseaux, faune et flore du pays,*
[En ligne]. http://www.ffdp.ca/hww_f.asp?id=7&pid=1
(Page consultée le 17 décembre 2008)

Index des noms français des espèces

Autres animaux

- Campagnol 39
- Chenille 39
- Cheval 39
- Coyote 39
- Fourmi 39
- Guêpe 39
- Hanneton 39
- Libellule 39
- Mouche 39
- Moustique 39
- Musaraigne 39
- Papillon 39
- Puce de sable 39
- Renard 39
- Souris 39
- Taon 39
- Ver de terre 39
- Ver marin 39

Mammifères marins

- Baleine 15, 16, 59
- Baleine noire de l'Atlantique Nord 58
- Cachalot 15, 16
- Dauphin 15, 16
- Phoque (loup marin) 10, 15, 16, 19, 20, 42, 61, 105
- Phoque commun 61
- Phoque gris 61
- Rorqual 15, 16
- Rorqual bleu 58
- Rorqual commun 58

Oiseaux

- Aigrette 44
- Alouette 39, 78
- Arlequin plongeur 58
- Balbuzard 39
- Barge 39
- Bécasseau 39, 78, 85
- Bécasseau maubèche de la sous-espèce *rufa* 42, 44, 58, 59, 78
- Bécasseau sanderling 79
- Bécasseau semipalmé 80
- Bruant 39, 81
- Bruant des prés 81
- Bruant de Nelson 58
- Busard 39
- Canard 17, 34
- Canard barboteur 17
- Canard pilet 44
- Chevalier 39
- Corbeau 39, 69, 82, 83
- Cormoran 15, 25, 44, 69
- Cormoran à aigrettes 69
- Courlis 39
- Faucon 39
- Faucon pèlerin anatum 58, 82
- Faucon émerillon 44, 82
- Fou de Bassan 44, 67
- Garrot d'Islande 58
- Goéland 15, 39, 75, 76
- Goéland argenté 68
- Goéland marin (goéland à manteau noir) 68

Poissons

Paru aux éditions la Morue verte

Un pied-à-terre en mer aux îles de la Madeleine
Découvrir les îles en 25 récits, 69 illustrations et 78 photos.

Auteur : Alexandre Chouinard
Marianne Papillon
Emmanuelle Roberge
Brigitte Turbide

Mémoires de poètes
Textes, tableaux et autres objets de poésie.

Auteurs : Édouard Leblanc et Carole Piédalue

Un Bonhomme à la mer
L'étonnant périple d'un Bonhomme de neige madelinot (album illustré, 4 à 8 ans)

Auteur : Jocelyn Boisvert
Illustration : Marianne Papillon

Notes d'étrangement aux îles de la Madeleine
Poésie, images et mélodies d'étrangement ; de quoi partir en voyage de soi, de nous.
Création multimédia sur livre-DVD.

Auteur : Hugo Blouin

BD des Îles
Les Îles vues par la faune en bandes dessinées

Auteur : Marianne Papillon

Planète bleue : Îles vertes
Cahier d'apprentissage sur les milieux naturels des îles de la Madeleine

Une réalisation d'Attention FragÎles
Illustration : Marianne Papillon

Les éditions la Morue verte,
comme un poisson dans les mots.